U0937563

领读者

湖南省总工会 编

中国工人出版社

序　言

4 月 23 日世界读书日，由湖南省总工会和湖南经视共同打造的创新读书类大型直播节目《领读者》总展示活动在中联重科智慧产业城拉开帷幕。这不仅是一次文字的相逢，更是一场劳动者与精神原乡的深情对话。

阅读，是穿透时光的舟楫。在工业文明的轰鸣中，湖南省总工会始终坚信：机器的精密运转，需要以人文精神的齿轮校准方向；产业工人的精神家园，需要用书籍的砖瓦精心构筑。多年来，湖南省总工会坚持以职工书屋为锚点，将知识的根系深扎进车间、厂房、工地与园区。书

卷如繁星垂落，点亮职工案头的灯火；书屋似春笋破土，在流水线旁筑起精神的绿洲。

《领读者》以书为媒，搭建起跨越时空的精神长桥。从“榜样力量”中触摸工匠精神的筋骨，在“文学魅力”里感受千年文脉的温度，于“青春未来”间聆听时代前行的跫音。本书以十章笔墨，走进十个场景，以劳动者为经纬，以阅读为针脚，编织出一幅新时代产业工人精神崛起的壮丽图景。那些手握焊枪的“钢铁诗人”、守护万家灯火的“光明歌者”，既是职工书屋的常客，也是阅读火种的传递者。

我们深知，一座城市的“智”能高度，不仅体现在每分钟创造工业奇迹的速度，更取决于全民阅读的温度。湖南省总工会将始终以职工书屋为文化驿站，让每一盏阅读的灯都成为照亮匠心的星辰。通过“职工阅读季”“书香班组”“读书漂流”等特色活动，我们让经典典籍在流水线上传阅，让思想火花在班组会上迸发，让文学的温度消融机械的冷冽。当《领读者》的舞台延伸到书页之间，当节目中的领读人化身书屋里的“共读伙伴”，这便是对“书香社会”最生动的诠释——阅读不仅是独坐静思的修行，更是万千劳动者心灵共振的和鸣。

此刻，让我们共同翻开这卷浸润着汗水和墨香的书页。十座行业丰碑，十曲奋斗长歌，既是三湘劳动者献给时代的答卷，更是湖湘精神薪火相传的见证。愿每一位读者都能在职工书屋的方寸之间，触摸到智慧的肌理；在字里行间的浩瀚天地，照见理想的模样。让劳模精神、劳动精神、工匠精神如同湘江奔流，永远激荡在这片以书铸魂、以读传薪的热土之上。

湖南省总工会

2025 年 4 月

目　录

书香砺初心　精铁炼成钢

——走进湘潭钢铁集团有限公司

点评嘉宾：萨日娜　艾爱国　王成刚

领读嘉宾：萨日娜

领读作品：《拼命挥手》等

湘钢（湘潭钢铁集团有限公司）始建于 1958 年，是新中国钢铁工业“三大五中十八小”战略布局中，5 个年产钢 50 万—100 万吨中型钢铁企业之一。经过 60 多年建设发展，湘钢目前产品涵盖宽厚板、线材和棒材三大类 1000 多个品种，在造船、工程机械、海洋工程、高建桥梁、压力容器、能源重工等多个行业享有盛誉。桥梁钢、海工钢市场占有率稳居国内第一，风电、水电、核电用钢频频亮相重大项目，线棒产品在乘用车、轨道交通、工程机械等领域有较高的认可度和知名度。现已成为中国南方千万吨级精品钢材制造基地，全球单体规模最大的宽厚板生产基地，具备年产钢 1600 万吨的综合生产能力，资产总额 680 亿元。目前钢铁主业在岗职工 7800 余人，劳动生产率达到 1658 吨钢 /（人 · 年）。在做强做优钢铁主业的同时，适度发展多元产业，目前湘钢集团拥有全资、控股、参股公司共 47 家，形成了钢材深加工、资源开发与加工、循环经济、仓储物流、金融贸易、检修工程、机电制造、现代生活服务八大产业板块。先后获得中国优秀企业、全国五一劳动奖状、全国先进基层

党组织、全国厂务公开先进单位、全国集体合同建制先进企业、全国模范职工之家、全国精神文明建设工作先进单位、全国女职工先进集体等荣誉称号。湘钢大力推进 5G、人工智能、工业互联网等新一代信息技术与生产现场深度融合，2020 年“湘钢 5G 智慧工厂”项目入选工信部 5G 案例集；2023 年“湘钢中厚板智能制造示范工厂”入选工信部智能制造示范工厂；2023 年获评国家工业旅游示范基地。

书香最能致远，奋斗不负韶华。湘钢建厂之初不久，就建立了职工读书室，随着企业的壮大，职工读书室步入规范管理的轨道，于 2008 年被全国总工会评为“全国工会职工书屋示范点”。一直以来，湘钢党政工团把职工读书学习活动引导到提高自身综合素质、立足岗位创新创效作贡献上来，职工技术比武、职工创新工作室成为职工读书钻研、岗位实践的大舞台，让“知识改变命运，岗位成就事业”的理念深入人心，营造出十里钢城“读书好、好读书、读好书”的浓厚氛围。湘钢先后获湖南省职工读书活动“先进集体”、湖南省“书香企业”等荣誉称号。

领读嘉宾

萨日娜

领读作品

拼命挥手

大家好，我是演员萨日娜，今天站在这里，我很激动。我作为全总职工书屋的代言人，也作为《领读者》这个节目的策划人之一，第一站能够来到湘钢和职工朋友们一起领略劳动之美，领读磅礴之力，共赴思想盛宴，点赞平凡生命，我深感荣幸。人生啊，没有白走的路，没有白读的书，你触碰过的那些文字，会在不知不觉中帮你认识这个世界，会悄悄地帮你擦去肤浅和无知。书很便宜，但并不意味着知识也廉价，虽然读书不一定能够让你功成名就，不一定让你有锦绣前程，但它能让你说话有道理，做事有分寸，出言有尺度，嬉皮有余地。书是我们和每一个写作者灵魂的碰撞，是人生最好的修行，让我们一起来读书吧，读好书。我今天想跟大家分享一篇很短的文章，它出自上海戏剧学院的老院长余秋雨先生之手。这一篇短短的文章，时时激励着我——作为一名创作者，真诚地面对生活，面对角色，面对观众。我读给大家听，这篇文章的名字是《拼命挥手》。

这个故事，是很多年前从一本外国杂志中看到的。我在各地讲授文学艺术的时候，总会频频提及。

一个偏远的农村突然通了火车，村民们好奇地看着一趟趟列车飞驰而过。有一个小孩特别热情，每天火车来的时候都站在高处向车上的乘客挥手致意，可惜没有一个乘客注意到他。他挥了几天手终于满腹狐疑：是我们的村庄太丑陋？还是我长得太难看？或是我的手势错了？站的地位不对？天真的孩子郁郁寡欢，居然因此而生病。生了病还强打精神继续挥手，这使他的父母十分担心。他的父亲是一个老实的农民，决定到遥远的城镇去问药求医。一连问了好几家医院，所有的医生都纷纷摇头。这位农民夜宿在一个小旅馆里，一声声长吁短叹吵醒同室的一位旅客。农民把孩子的病由告诉了他，这位旅客呵呵一笑又重新睡去。第二天农民醒来时那位旅客已经不在，他在无可奈何中凄然回村。刚到村口就见到兴奋万状的妻子，妻子告诉他，孩子的病已经好了。今天早上第一班火车通过时，有一个男人把半个身子伸出窗外，拼命地向我们的孩子招手。孩子跟着火车追了一程，回来时已经霍然而愈。

这位陌生旅客的身影几年来在我心中一直晃动。我想，作家就应该做他这样的人。能够被别人的苦难猛然惊醒，惊醒后也不做廉价的劝慰，居然能呵呵一笑安然睡去。睡着了又没有忘记责任，第二天赶了头班车就去行动。他没有到孩子跟前去讲太多的道理，只是代表着所有的乘客拼命挥手，把温暖的人性交还给了一个家庭。孩子的挥手本是游戏，旅客的挥手是参与游戏。我说，用游戏治愈心理疾病，这便是我们文学艺术的职业使命。

领读者

李斌

领读作品

态度：大国工匠和他们的时代

大家好，我是领读者李斌，来自湘钢轧钢厂，我与这几年新来的大学生不一样，我是当兵退伍后进的湘钢，今年（2023 年）是我工作的第 13 个年头了。虽然我还是一名普通的工人，但是我的心中一直有一个榜样，我也想成为像他那样的大国工匠。我的榜样就坐在评委席上，他就是艾爱国大师。

我今天领读的是《态度：大国工匠和他们的时代》中的选段。我在厂里是开挖掘机、坦克吊的，这一段中对待同事、对待工作、对待徒弟的态度让我很有共鸣，这十几年来我也一直是这么做的，特别像现实中的自己。读了这本书，让我对艾爱国大师的那句“做工人要做到最好，做事情要做到极致”也有了更深刻的体会。当我累了或者想偷懒的时候，只要想起这句话，我都会马上提起精神。读完这本书，我了解到祖国的壮大，离不开每一个普通劳动者的付出。下面我为大家分享其中的这一段：

如果说拿了技能大赛冠军是开心，那么拥有了以自己名字命名的操作法，是什么心情？这是原来想都不敢想的事情，很满足，很欣慰。其实当年操作时特别辛苦，操作法就来自日复一日的磨炼和积累。只要干了，都会有收获。带徒弟的时候，我也总这么说：“多学多干，你学会了，就是你自己的本事，干活儿没有吃亏的。”我对事较真，不对人较真。跟同事相处，我会经常换位思考。我不觉得自己有多厉害，所以也不会高调。我为自己在平凡岗位上的努力付出感到骄傲和自豪。很多人说我懂创新，可我觉得自己只是想把事情做得更好。只要肯动脑、多钻研，任何人都能创新。

嘉宾点评 “七一勋章”获得者、大国工匠 艾爱国：

通过你的演讲，我看见了一批批湘钢青年，像雨后春笋般不断地涌现。我作为一名老湘钢人，为你们感到骄傲。我也寄语你：守住初心，择一事终一生，坚持终身学习，做一个有理想、敢担当，能吃苦、肯奋斗的新时代湘钢好青年。

领读者

罗洁琳

领读作品

记一忘三二

大家好，我是领读者罗洁琳，来自湘钢宽厚板厂。在工作中，我面对的是金属机械，但在生活中，我偏爱温暖治愈的文字。今天，我为大家分享的是李娟的《记一忘三二》。这本书是李娟的随笔，我经常会因为文中的一些描述热泪盈眶，因为书中描写了很多她和母亲的互动，这也让我想到了我的妈妈。我很小的时候，是没有跟我妈妈生活在一起的，因为她需要外出打工，只好把我放在外公外婆身边，她没有参与我牙牙学语和练习走路的过程，也没有陪伴我读书写字，因此我总觉得她不爱我。当我外出求学工作时，看到了这本书，我好像渐渐地能感受到她对我的爱了。她只是一个普通的劳动妇女，她最擅长的是割猪草、喂牛羊，她也曾经想要通过知识改变自己的命运，但是因为很多阴差阳错没能如愿，即使如此她也在努力地工作，她不是不爱我，只是想让我可以到更远的地方去领略更多的知识，所以每次读这本书的时候，我总是有特别多的感触。

下面我为大家领读：

她双手粗糙，裂痕遍布，上面的陈年污迹怎么洗也洗不干净。她放弃了肉身的美好，不顾一切榨压最原始的力量。挖掘，削砍，敲击，凿打。她生活中的大部分事物都是历经她的双手出现在周围，而不是历经漫长复杂的生产线。她才是真正过着末世生活的人，又像是过着初世生活。如今她学会了用电脑，还考上了驾照。看上去好像在时代潮流中没被落下，但仍然习惯用双手去直接抗衡整个世界。她是我见过的最沉重也最庞大的生命。她真的能接受这个差不多人人都能接受的现实世界吗？我总觉得她可能再也无法改变了。她是一个劳动者及迷途者。她又固执又脆弱。

嘉宾点评　全国五一劳动奖章获得者、全国工会职工书屋公益代言人萨日娜：

我之前和我的女儿说过一句话，“妈妈的工作可能和别的妈妈不一样，不能随时随地陪在你身边，但是你要相信我的爱是在你身边的”。你的妈妈一定非常爱你，你要相信她。我觉得你的这篇文字和表达特别让我感动，你跟我女儿的年龄一样大，我们都会爱你的。

领读者

杨艳

领读作品

小王子

大家好，我是领读者杨艳，来自湘钢技术中心钢铁研究院，是湘钢热处理首席工程师。今天我向大家推荐法国作家圣·埃克苏佩里的《小王子》。生活中，我就是两个小王子的妈妈，因为从事钢铁行业，钻研技术，我们每天面对的是工艺参数、运转的设备，还有制度流程，我觉得我就是《小王子》故事里那个奇怪的大人，然后像故事里那个飞行员一样，我只关心飞机修好了没有、什么时候可以飞。直到有一天，我的小王子从幼儿园放学回家，他跟我说，妈妈，今天幼儿园体检的时候扎手指，我都没有哭呢。我问他为什么，他告诉我，我跟那个扎手指的医生说了，让他给我扎一点儿不太疼的血出来，所以我就没哭。我当时想啊，我亲爱的宝贝，这种不太疼的血是不是还有一个名字，叫作勇敢啊？《小王子》当中有一段他跟狐狸相互驯养的情节，非常感人，我想读给大家听：

“我该怎么做呢？”小王子问。

“你要非常有耐心，”狐狸说，“首先，你要在离我有点远的地方坐下，就像这样，坐在草地上。我会偷偷地看你，你不要说话。语言是误解的根源。但你每天都要坐得离我更近一点……”

第二天小王子回来了。

“你每天最好在相同的时间来，”狐狸说，“比如说你定在下午四点来，那么到了三点我就会开始很高兴。时间越是接近，我就越高兴。等到四点，我会很焦躁，坐立不安；我已经发现了幸福的代价。但如果你每天在不同的时间来，我就不知道该在什么时候开始期待你的到来……我们需要仪式。”

“仪式是什么？”小王子说。

“这也是经常被遗忘的事情，”狐狸说，“它使得某个日子区别于其他日子，某个时刻不同于其他时刻。例如，那些猎人就有个仪式。每逢星期四，他们会和村里的女孩跳舞。所以星期四是个美好的日子！我可以到葡萄园里散步。但如果猎人并不在固定的日子跳舞，所有的日子都是相同的，那我就没有假期了。”

于是小王子驯化了狐狸。这是一场用爱、用心诠释的责任感和使命，他说，真正重要的事情不是用眼睛看到的。

嘉宾点评　湖南省电视艺术家协会理事会副主席、知名编剧　王成刚：

所有的热处理在工程试验里面都是软的，是可以把它变成更软的，这是工艺的要求。很多人给我推荐《小王子》，也有很多人跟我说《小王子》的这个好、那个好。但是，我今天才知道《小王子》的好，是因为他们没有说到那个勇敢的血。感谢你让我知道了《小王子》还得再读一遍。

领读者

于璇

刘新

领读作品

我们仨

刘新：我们是夫妻，都在湘钢工作。

于璇：今天我们为大家领读的篇目是《我们仨》这本书中的选段。这本书是杨绛先生在90多岁时写下的，它是一本简单而又温暖的家庭回忆录，讲述的是钱锺书和杨绛他们一家人的生活琐碎，其实平平淡淡才是真，我们觉得，这本书中藏着人生幸福的真谛。

刘新：这本书用柴米油盐、家长里短的烟火气，抚慰着阅读者的心灵。读这本书的时候，我们的小孩刚好出生，也许幸福的感觉对家庭来说都是相似的，书中有很多小细节，给我们俩留下了非常深刻的印象。杨绛刚生完女儿，她的身体还没有完全恢复，手脚笨拙的钱锺书做好了早饭，他把一张小桌子放到了她的床头，对杨绛说："你以后可以坐在床头吃早饭。"杨绛笑着说："这是我吃过最香的早饭。"钱锺书回答道："只要你喜欢，我以后可以天天给你们俩做。"相濡以沫，将爱融入生活中，将普通的生活过得不平凡，还有什么能够比这个更让人感觉到幸福的呢？

于璇：如果说《我们仨》这本书讲的是一个小家，那么我和老公加入的湘钢，则是一个大家，因为我在这里出生，在这里长大，这里就像家一样，有爱有温暖有关怀，有家的归属感，有事业的成就感。在这里工作了十多年，我也收获了自己的小家，有了我们仨，其实家庭的氛围感很重要，平常我们也喜欢看书，我们的儿子在耳濡目染下，也爱上了读书，所以就像书中所说的一样，我们愿意相聚在这里，相守在这里，各自做力所能及的事。

接下来，我们为大家分享这本书中的片段：

刘新 于璇："我们仨"其实是最平凡不过的。谁家没有夫妻子女呢？

刘新：至少有夫妻二人，

于璇：添上子女，就成了我们三个或四个、五个不等。

刘新：只不过各家各个样儿罢了。

于璇：我们这个家，很朴素；我们三个人，很单纯。

刘新：我们与世无求，与人无争，

于璇：只求相聚在一起，相守在一起，各自做力所能及的事。

刘新：碰到困难，

于璇：锺书总和我一同承当，

刘新：困难就不复困难；

于璇：还有个阿瑗相伴相助，不论什么苦涩艰辛的事，都能变得甜润。我们稍有一点快乐，也会变得非常快乐。

刘新 于璇：所以我们仨是不寻常的遇合。

嘉宾点评　全国五一劳动奖章获得者、全国工会职工书屋公益代言人萨日娜：

爱就是平平凡凡的人间烟火，孩子在这样的爱当中长大，他还会继续把爱传递下去。

领读者

张希哲

葛金婧

领读作品

平凡的世界

葛金婧：我很喜欢书中的一句话，就是“即使最平凡的人，也得要为他那个世界的存在而战斗”，这句话给我一种力量，让我想去突破自己，逼自己一把。小时候，我是一个非常胆小的女孩子，为了突破自己，我参加了湘钢的大型原创话剧，代表湘钢参加湘潭市的演讲比赛，在决定去做一件事情的时候，我觉得不管结果怎么样，只要在这个过程中付出了足够的努力，就会觉得很开心，我们大多数人都是平凡的，但我们依然在寻找我们活着的意义。

张希哲：在每一个平凡的岗位上，每一位湘钢人，都默默无闻、无私奉献，初心不改地坚守在岗位上，用他们的实际行动，为湘钢的生产保驾护航。在我的心中，他们都是平凡世界的英雄，平凡并不等于平庸，我可以接受自己是一个平凡的人，但是我不会允许自己平庸，放弃自己应该有的那份努力，所以，今天我们为大家领读的篇目是路遥的《平凡的世界》。

张希哲：在我们这个星球上，每天都要发生许多变化。有人倒霉了，有人走运了；有人在创造历史，历史也在成全或抛弃某些人。

葛金婧：每一分钟都有新的生命欣喜地降生到这个世界，同时也把另一些人送进坟墓。这边万里无云，阳光灿烂；那边就可能风云骤起，地裂山崩。世界没有一天是平静的。

张希哲：可是对大多数人来说，生活的变化是缓慢的。也许人一生仅仅有那么一两个辉煌的瞬间——甚至一生都可能在平淡无奇中度过……

葛金婧：不过，细想起来，每个人的生活同样也是一个世界。即使最平凡的人，也得要为他那个世界的存在而战斗。从这个意义上说，在这些平凡的世界里，也没有一天是平静的。

嘉宾点评　湖南省电视艺术家协会理事会副主席、知名编剧　王成刚：

我们随着年龄的增长，可能不会再去喝可乐，可能会去碰茶叶，甚至可能去喝苦涩的酒。生活其实就是苦的，只是我们从书里找到了一个认识苦、解决苦的方案。就好像书里所说的，生活不是等待别人的安排，面对苦是一种快乐。希望你们理解——这是平凡的世界。

领读者

周煊

魏梦波

领读作品

送东阳马生序

周煊：今天，我们在这里想给大家分享的是明代大学士宋濂的《送东阳马生序》中的节选，至于为什么选这篇文章，先由我的搭档梦波来讲一讲吧。

魏梦波：初中的时候，我和绝大多数学生一样，每天都很迷茫，不知所措，直到我读了宋濂的《送东阳马生序》之后，我的思想发生了质的转变，我终于明白了原来读书和阅读可以让我知道圣贤之道，懂得如何去经世济民，更可以让我去了解世界的运转规律，寻找自己想要的一种生活方式。我也在这篇文章的激励下，走出了家乡，到清华读书，见到了更大更广阔的世界。那么现在，我来到了湘钢宽厚板厂，作为一名机械技术员，我相信，阅读能够让我在专业技术上更加精进。而且我还需要把我们的知识用到现场——“实践出真知”，我更加坚信，阅读对于现在的我，它的意义不仅在于开拓我的视野，更多的是不断增强我的本领，让我能够在自己的领域，持续地发光发热，为祖国建设工作一辈子。

周煊：我阅读的理由，没有像梦波刚刚说的那么深奥，我更多的是出于兴趣。脱贫之前，我的家乡是一个国家贫困县，那边的教育资源比较落后，所以视野也局限在那么一个小县城里，但是通过阅读我能开阔眼界，去了解一些我没有了解过的地方，了解一些我没有了解过的历史，就比如阅读《哈姆雷特》，或者阅读《悲惨世界》，去了解法国或者其他地方的一些风情，或者是像《人类群星闪耀时》这样的历史传记，去了解一些在历史上留名的人物的故事，再或者单纯地去阅读一些比较晦涩难懂的书，像《时间简史》这种，甚至放到现在都可能还读不太明白的书。后来我到了武汉，到了华科，再到现在的湘潭，到了湘钢，可能这个过程，就像是宋濂的《送东阳马生序》中写的，他成年以后，跟随老师四处求学，而我可能更多的是通过到武汉、到湘潭的过程，去见识我在书中见到的那些世界，并进行验证。接下来，我跟我的搭档为大家分享一个片段：

余幼时即嗜学。家贫，无从致书以观，每假借于藏书之家，手自笔录，计日以还。天大寒，砚冰坚，手指不可屈伸，弗之怠。录毕，走送之，不敢稍逾约。以是人多以书假余，余因得遍观群书。既加冠，益慕圣贤之道，又患无硕师、名人与游，尝趋百里外，从乡之先达执经叩问。先达德隆望尊，门人弟子填其室，未尝稍降辞色。余立侍左右，援疑质理，俯身倾耳以请；或遇其叱咄，色愈恭，礼愈至，不敢出一言以复；俟其欣悦，则又请焉。故余虽愚，卒获有所闻。当余之从师也，负箧曳屣行深山巨谷中，穷冬烈风，大雪深数尺，足肤皲裂而不知。至舍，四支僵劲不能动，媵人持汤沃灌，以衾拥覆，久而乃和。寓逆旅，主人日再食，无鲜肥滋味之享。同舍生皆被绮绣，戴朱缨宝饰之帽，腰白玉之环，左佩刀，右备容臭，烨然若神人；余则缊袍敝衣处其间，略无慕艳意。以中有足乐者，不知口体之奉不若人也。盖余之勤且艰若此。

嘉宾点评　湖南省电视艺术家协会理事会副主席、知名编剧　王成刚：

每个时代有每个时代的麻烦，但是解决这些麻烦从那个时候到今天都是一样的：读万卷书，行万里路。

领读者

郭新怡

领读作品

傅雷家书

大家好，我叫郭新怡，是来自湘钢商务幼教部的一名幼教老师。今年是我来湘钢的第二年，平时工作内容就是照顾小朋友的一日生活起居，带他们学习，教他们知识，跟着他们一起成长。高尔基曾经说过，书籍是人类进步的阶梯。我刚接触这个行业的时候，其实我也是在书中找到答案的。我觉得读书本身就是一个非常好的习惯，证明你想汲取更多的知识，想学更多的东西，其实我本身是个比较浮躁的人，看书可以让我安静下来。

今天我与大家分享的书是《傅雷家书》。其实这本书我在初中的时候就读过，当时觉得挺索然无味的，后来参加工作了，我再回过头来看，傅雷老师对于儿子的爱情观和教育观，我觉得其中有非常多的点是值得我们去借鉴的。作为一名幼儿教师，要把小朋友当作自己的孩子来对待，要像个领路人一样带领他们去探索这个世界，像个小太阳一样去温暖他们。因为0~6岁这个阶段的孩子，是非常需要归属感和安全感的，在这个时候，我们给予他们满满的爱，我相信他们也会把他们得到的爱传递给其他人。反之，在这个年龄阶段他们感受不到爱，我觉得他们会需要用一生来弥补这个缺憾。接下来，我为大家领读一个选段：

人一辈子都在高潮低潮中浮沉，唯有庸碌的人，生活才如死水一般；或者要有极高的修养，方能廓然无累，真正的解脱。只要高潮不过分使你紧张，低潮不过分使你颓废，就好了。太阳太强烈，会把五谷晒焦；雨水太猛，也会淹死庄稼。我们只求心理相当平衡，不至于受伤而已。慢慢的你会养成另外一种心情对付过去的事：就是能够想到而不再惊心动魄，能够从客观的立场分析前因后果，做将来的借鉴，以免重蹈覆辙。

嘉宾点评　湖南省电视艺术家协会理事会副主席、知名编剧　王成刚：

在这个“虎妈猫爸”横行的时代，我们去读《傅雷家书》，我觉得是有意义的。它的意义就在于我曾经跟你一样，看这本书的时候很不愿意看，因为我们被节奏悬念给束缚了。当看到这些琐碎的生活时反倒有一些距离，当我成为父亲的时候再看，我发现他告诉我们一些我们曾经不太注意的事情，就是我们不应该都是“虎妈猫爸”，孩子应该先成人再成才。

阅读世界 连接你我

——走进湖南路桥

点评嘉宾：杨　雨　何旭辉　彭安平

领读嘉宾：杨　雨

领读作品：《我与地坛》等

湖南路桥建设集团有限责任公司始建于1954年，以公路、桥梁、隧道、市政工程等为主营业务，先后隶属于湖南省交通运输厅、湖南省国资委等，现为湖南建设投资集团有限责任公司的全资骨干企业。

湖南路桥现有员工3500多人，注册资本30亿元，总资产超240亿元，年施工能力超300亿元，业务涵盖高速公路、市政工程、轨道交通等领域，市场覆盖全球20多个国家和国内20多个省级行政区域，是一家集投资、建设、运营于一体的交通基础设施综合服务商，先后获得国务院表彰的全国14家先进企业、全国五一劳动奖状、全国文明单位等荣誉。

作为全国首批公路工程施工总承包特级资质企业，公司拥有公路总承包特级、设计甲级、市政壹级、建筑壹级等各类建设资质50多项，累计架设大中型桥梁1000余座，建成高速公路和高等级公路5000多公里，贯通隧道超200公里，承建的工程项目荣获全球桥梁、道路工程最高奖——古斯塔夫斯·林德恩斯奖、GRAA国际道路成就奖，荣获国家优质工程奖11项、詹天佑奖9项、鲁班奖7项、公路交通优质工程奖11项等省部级以上荣誉300余项，创立了“路桥湘军”品牌。

湖南路桥“走向海外”的足迹可追溯到20世纪70年代初。近年来，公司积极参与共建“一带一路”，推进海外业务稳健发展，实现了由分包商向总承包商成功转型，荣获“湖南海外发展十强企业”，入选商务部“中国对外承包工程新签合同额100强企业”，连续7年保持对外承包工程信评AAA等级，连续6年入围ENR“国际承包商250强”且排名逐年上升。

湖南路桥始终坚持技术创新，公司现有6家高新技术企业，2个省级企业技术中心，成立桥梁工程技术研究中心和BIM中心，依托重大工程项目开展“产学研”攻关，获得国家级省部级工法近200项、有效专

利 150 余项，参编标准 9 部，“轨索滑移法”等 70 多项成套关键技术荣获省部级以上科技成果奖，填补国内和国际空白的技术成果数十项。

湖南路桥始终坚持改革发展，先后实施了湖南省第一条由企业投资建设的高速公路——醴潭高速，总投资超百亿元的广西崇靖高速等 BT、BOT、EPC 项目，承揽了常益长高铁、长株潭“三干两轨”、凤凰磁悬浮等战略性项目。

站在新的发展起点，湖南路桥坚持以习近平新时代中国特色社会主义思想为指导，坚守“产业为民、交通强国”的初心使命，秉承“一流、创新、诚正、奉献”的企业精神，锚定“建设具有全球竞争力的交通基础设施综合服务商”的企业愿景，坚定信心，久久为功，为建设“世界一流的建设投资企业”、实现“三高四新”美好蓝图、实现中华民族伟大复兴的中国梦，作出更大贡献。

领读嘉宾

杨 雨

领读作品

诗话桥

今天，我为大家分享的是《诗话桥》当中的一段，《伤心桥下春波绿——陆游与春波桥》。

老人站在沈园的小桥上，看着桥下依旧碧绿的春水，深深地沉浸在对往事的回忆当中。恍惚中，他仿佛又看到了那个风姿绰约、美丽可爱的女孩——“曾是惊鸿照影来”，唐琬就好像是翩若惊鸿的仙女一样，在春水之上亭亭玉立。老人惊喜万分，可是当他张开双臂，想上前去迎接她、拥抱她的时候，“仙女”却又突然消失得无影无踪，只剩下一池碧水，在老人眼前默默荡漾。老人这才意识到，原来刚才的这一幕美好的场景只不过是一个幻觉，是四十多年来，唐琬深深刻在他心里的一个影子。这个身影，他是一辈子都不可能抹掉了。

“伤心桥下春波绿，曾是惊鸿照影来”，这真是一个最美丽又最无奈的感慨。而这首催人泪下的诗又让一座原本平凡的小桥从此拥有了另一个名字，一个让人联想万千的动人身份——春波桥。

春波桥原名罗汉桥，坐落在禹迹寺前，为单孔石拱桥，拱圈为纵联分节砌置，桥面纵坡很小，采用两根石梁做桥栏。相传禹迹寺内供奉着500尊罗汉像，因此被称为罗汉桥。因陆游感伤前妻唐琬所留下的诗句“伤心桥下春波绿，曾是惊鸿照影来”改名春波桥并且沿用至今。

从此，春波桥乃至沈园，就像一条剪不断理还乱的线一样牢牢系住了陆游，而线另一端的人，名叫唐琬。

故事要从绍兴十四年说起：

大约在这一年的秋天，陆游迎娶了一生中最爱的妻子唐琬，这年陆游虚岁二十，婚后二人如胶似漆，吟诗作对，琴瑟和谐，陆游便缱绻在温柔乡里，仿佛爱情可以是他全部的世界。陆游的母亲认为，唐琬的存在，严重影响了陆游对仕途的追求，甚至最后勒令陆游休妻，万般无奈之下，夫妻二人忍痛分别，不久之后，陆游再娶，唐琬改嫁，这对璧人便彻底断了复合的念想，而沈园，是陆游和唐琬见最后一面的地方，也是他们分别后唯一重逢过的地方。春波桥见证了陆游和唐琬的爱情，也埋藏了他们的悲伤，在陆游的心中，它不是一座可有可无的建筑物，它更像是承载了过去所有美好的日记。每有微风吹过，水面上泛起的涟漪，就好像在一页页地翻过那些旧日的回忆。随着岁月的流逝，春波桥依然在陪伴着绍兴的人们，每当往来的行人踏上这座桥时，仿佛就能感受到在时间的长河里，两个真挚的灵魂在相互吸引、相互靠近。陆游把那份心意分成了两半，一半寄托在了那些直击灵魂的诗句当中，另一半则交付给了这座在历史中轮转的春波桥。桥上阳光正好，洒下的艳光流转在河岸柳树的叶子上，兜兜转转，坠进了碧绿的水面，青灰色的石砖，沉默不语，用身躯跨过了一条春水，好像在弥补当年，未能跨越那爱情鸿沟的遗憾。波光粼粼，细碎而又耀眼的光影间，似乎有一道身姿飞过。伤心桥下春波绿，曾是惊鸿照影来。

之所以今天和大家分享这一段关于陆游、唐琬和春波桥的故事，是因为我跟湖南路桥也很有缘分，所以想以这一段文字来致敬路桥人，谢谢大家。

领读者

刘 佳

领读作品

爸爸的桥

大家好，我是湖南路桥香炉洲大桥项目的负责人刘佳。

今天我想推荐的是一本儿童绘本——《爸爸的桥》。我觉得这是一本路桥孩子的专属绘本，所以今天我特意代表修路建桥的爸爸们，来给孩子们讲讲爸爸与桥的故事。

故事中的“桥”，被认为是一座不可能建成的桥，但一群普通、平凡、勇敢、专业的桥梁工人，创造了这个奇迹。故事中两个小男孩的爸爸都是工人中的一员，孩子们每天用望远镜观察在桥上工作的爸爸。整个过程让他们感受到爸爸工作的重要，也看到其中的危险。在别人看来普普通通的桥梁工人，成为孩子们眼中的大英雄。

我不知道在孩子们眼中，我这个建桥的爸爸，是不是大英雄，但是他们确实也像绘本里的孩子那样，见证了“爸爸的桥”。

2007年，我参与矮寨大桥的建设，在那里，我遇见了自己的爱人。一开始，我们只能在深山峡谷正在修建的大桥两端遥遥相望，朋友们开玩笑说我们是现实版的牛郎织女。当矮寨大桥飞架南北时，我们走进了婚姻的殿堂。所以第一个孩子出生时，我给他起了一个特别有意义的小名：刘矮寨。

2013年，我们小两口又参与了杭瑞洞庭湖大桥的修建，刘矮寨就和我们一起来到了工地附近的幼儿园就读，桥是他童年最亲密的伙伴。2017年，我们的公主刘洞庭出生了，只要有时间，我都会带着她去我参与建设的大桥走一走，转一转，牙牙学语时，她就会稚嫩地说出“桥”。可以说，桥延续了我的幸福。

因为一直在项目一线，有时也会错过孩子们的成长，为此，我常常觉得很歉疚。但是我相信，随着他们慢慢长大，一定能够理解每一座桥背后的坚守与价值，也会理解爸爸工作的意义所在。就像这本《爸爸的桥》最后告诉我们的那样，生命的价值不在于地位的高低、财富的多少，而在于能否在自己的岗位上发光发热。

最后，我和刘洞庭一起，为大家诵读书中的一段话，送给每一位平凡而伟大的路桥人。

刘佳：大桥开放的那天禁止车辆通行。数千人来到桥上，有的步行过桥，有的跳着舞过桥，有的穿着轮滑鞋滑过桥……我们也在其中。

刘洞庭：我的脖子上系着爸爸的红色方巾。有一个人骑着独轮车，还有一个人踩着高跷。

刘佳：飞机在这个钢铁巨物的上空飞行，船只从它的下面穿过并驶入旧金山湾。风在拉得笔直的钢索上弹奏乐曲，这让我想起了爸爸说的竖琴。

合：我们举起装着汽水的杯子，为工人们干杯——为铆工干杯，为木工干杯，为油漆工干杯，为“空中行者”干杯……为每一位曾为这座全世界最美的桥付出辛勤劳动的人干杯。

嘉宾点评　湖南省五一劳动奖章获得者、中南大学教授　何旭辉：

我们做路桥人再苦再忙，有这样的“小棉袄”，是我们最大的安慰，很感动。

领读者

陈 畅

领读作品

筚路蓝缕

大家好，我是陈畅，是湖南路桥集团的一名桥梁隧道高级工程师，从事路桥工作已经 24 年了。今天我想分享的是张国宝先生《筚路蓝缕》中的选段。这是一本纪实类书籍，讲述的是我国像青藏铁路这样的世纪工程的决策和建设情况。

青藏铁路作为世界上海拔最高、线路最长、穿越冻土里程最长的高原铁路，是世界铁路建设史上最具挑战性的工程项目，书中有这样的描述：

过了昆仑山后大约有一两个小时的路程，两侧似乎是一马平川的大平原，看不到有山峦起伏，除冻土因素外，筑路条件如同平原。车到不冻泉、五道梁，走在青藏公路上虽都是柏油路面，但路面凸凹不平，如同搓板，时而穹起，时而凹陷，这就是冻害。在昆仑山到唐古拉山的一路上我们经历了暴雨、雪花和艳阳高照的灿烂晴天，真可谓“一山看四景，百里不同天”。

这些年我参加的项目，就遇到过这样的越山之路。2008 年，我参与建设的非洲刚果国家 1 号公路，这条全长 536 公里的双向四车道高速干线公路，横穿沿海平原、原始森林、河谷和高原，当年法国企业曾规划修建穿越刚果（布）原始森林的公路，要用数十年才能完成，但最终因困难太大不得不放弃。但我们中国路桥人却没有退缩，迎难而上，直面复杂恶劣的外部环境，经历了山洪、疟疾、伤寒、骚乱、空袭等，历经八年，这条刚果（布）交通史上的“梦想之路”得以完工。

当 1 号公路竣工通车时，当地老百姓载歌载舞，围绕在我们身边齐呼大家是“劈山的人”。那一刻，一股民族自豪感真是从心里直冲脑门，那时候感觉心都是滚烫的，眼泪止不住地就流出来了。我们切身理解，参与“一带一路”建设，是真的在造福一方！

正如《筚路蓝缕》中的这段话：

现在雄伟的青藏铁路已横亘于青藏高原，几代人的夙愿已化为宏伟现实，千千万万筑路大军顶风冒雪奋战于高原之上，创造了工程奇迹和人间伟业。是的，“世上无难事，只要肯登攀”。

如今，我新的攀登旅程即将开启，又一次奔赴山海奋战，路桥人精神永续，而我，始终热爱！

嘉宾点评　湖南省五一劳动奖章获得者、中南大学教授　何旭辉：

从青藏高原到非洲，我们路桥的建设者很辛苦，到青藏高原、到非洲去修路修桥，远方有了，再多去阅读，在书里面去找诗，这样我们心中的诗和远方就有了。

领读者

苏巧江

领读作品

曾国藩的智慧

大家好，我是湖南路桥长江分公司张官高速洞庭溪沅水特大桥项目经理苏巧江。我于 1998 年 8 月进入湖南路桥，25 年来，一直坚守在施工一线。作为一名老路桥人，我一直把自己当作一颗“螺丝钉”，做路桥湘军科技创新的“急先锋”、改革创新的“先行军”、攻坚克难的“排头兵”。

今天，我领读的篇目是王静编著的《曾国藩的智慧》中《持之以恒必有所成》选段，这段文字让我非常有共鸣。“执着专注、精益求精、一丝不苟、追求卓越”，这 16 个字，也是我身为一名桥梁建设者最大的恒心和坚守。

曾国藩在书中说，“言之有物，持之有恒，实为人生第一大事”。曾国藩在家信中劝九弟国荃做人做事都要有恒心，不能这山望着那山高，更不能见异思迁，这样只会一事无成。人而无恒，终身一无所成。每个人不管从事什么工作，如果想取得成就，就要树立理想和目标，要耐得住寂寞和孤独，咬定青山不放松，立根原在破岩中。接下来，我向大家分享一下书中的这段话：

凡人作一事，便须全副精神注在此一事。首尾不懈，不可见异思迁，做这样想那样，坐这山望那山。人而无恒，终身一无所成。我生平坐犯无恒的弊病，实在受害不小。当翰林时，应留心诗字，则好涉猎它书，以纷其志。读性理书时，则杂以诗文各集，以歧其趋。在六部时，又不甚实力讲求公事。在外带兵，又不能竭力专治军事，或读书写字以乱其志意。坐是垂老而百无一成。不可又想读书，又想中举，又想作州县，纷纷扰扰，千头万绪，将来又蹈我之覆辙，百无一成，悔之晚矣。

谢谢大家，我的分享完毕。

嘉宾点评　中南大学中文系教授、博士生导师　杨雨：

我走过很多的桥，但是我只会欣赏桥外形的壮美和它所承载的那些感人的历史故事。我往往忽略了那些背后的建设者和他们的倾心付出。你朴实的表达，让我以后再经过每一座桥的时候，读到的东西会更多。

领读者

赵思杨

张杰

领读作品

我与地坛

赵思杨：恭喜杰哥，我知道，你今年光荣地解锁了一个身份——父亲。每次看你晒出小若汐的照片，都替你感到幸福。选择《好运设计》进行分享，是不是因为这种身份的改变而有所感悟？

张杰：是的，首先感谢师兄的祝福。

《好运设计》这篇散文收录在史铁生的作品——《我与地坛》中，这部作品是史铁生的文学作品中，充满哲思又极为人性化的代表作之一。

我日常工作在项目建设一线，我们的项目在湘西的大山里，施工难度大，条件也比较艰苦，有时还会停水停电。

在一线工作，我看到了民工兄弟们在艰苦的环境下大干特干，一身土、满身汗的场景，也看到了前辈们加班加点、绞尽脑汁解决问题的场景，每一幕都令我动容。同时我也看到了，当项目建设筑起的一根根桩基、一个个涵洞、一座座桥梁，最终变成一条笔直的公路时，每个人的脸上浮现的都是笑容，每个人的内心感受的都是幸福。每当这时，我不禁想起书中的这句话：人生的幸福感就是通过不断地克服困难、跨越距离、实现愿望得到的。而这句话，也激励着我成为一个永远坚持奋斗的人。师兄，你对这本书又有什么感悟呢？

赵思杨：刚开始读史铁生的《好运设计》时，我感到一点沮丧。明显看到了作者对自己作为残疾人的不满：他希望通过好运设计，设计自己下辈子的好运。可是，设计出来的人生又能怎么样呢，就像书中所说，“有一道淡淡的阴影出现了并正在向我们靠近”。这一道阴影就是人们心中的欲望。欲求不满，内心也不会快乐。我想，感受过程才是最重要的。

从大学毕业到今天，七年来我始终扎根在路桥财务战线中。经历了芜湖长江公路二桥的成本核算、竣工结算及终期效益审计整个项目生命周期，随后调入集团财务管理部，每天同制度、数字打交道，我始终认为数字承载着付出与奋斗，也具有它的意义和价值。我的每段经历都是自己成长的过程，我特别享受其中，通过自己的努力，能够为集团降本增效、提高财务信息质量贡献微薄之力，这是我坚持与奋斗的意义。

张杰：过程。对，过程，只剩了过程。对付绝境的办法只剩它了。不信你可以慢慢想一想，什么光荣呀，伟大呀，天才呀，壮烈呀，博学呀，都不行，都不是绝境的对手，只要你最最关心的是目的而不是过程，你无论怎样都得落入绝境，只要你仍然不从目的转向过程你就别想走出绝境。

赵思杨：过程——只剩了它了。事实上你唯一具有的就是过程。一个只想使过程精彩的人是无法被剥夺的，因为死神也无法将一个精彩的过程变成不精彩的过程，因为坏运也无法阻挡你去创造一个精彩的过程，相反你可以把死亡也变成一个精彩的过程，相反坏运更利于你去创造精彩的过程。

张杰：于是绝境溃败了，它必然溃败。你立于目的的绝境却实现着、欣赏着、饱尝着过程的精彩，你便把绝境送上了绝境。梦想使你迷醉，距离就成了欢乐；追求使你充实，失败和成功都是伴奏。

赵思杨：当生命以美的形式证明其价值的时候，幸福是享受，痛苦也是享受。现在你说你是一个幸福的人，你想你会说得多么自信，现在你对一切神灵鬼怪说谢谢你们给我的好运，你看看谁还能说不。

合：过程！对，生命的意义就在于你能创造这过程的美好与精彩，生命的价值就在于你能够镇静而又激动地欣赏这过程的美丽与悲壮。

嘉宾点评　湖南省五一劳动奖章获得者、中南大学教授　何旭辉：

人的一生，能够建桥的数量可能有限，我希望在建每一座桥的过程中，好好享受建桥的过程，享受建桥的幸福。

领读者

张溢溪

领读作品

外婆的道歉信

各位朋友，大家好，我是领读者张溢溪，来自湖南路桥湘筑公司。有人说，路桥人是奋进的，他们逢山开路，遇水架桥；有人说，路桥人是充实的，他们精诚奉献，斗志昂扬；而我说，路桥人是孤独的，他们背井离乡，天各一方。我的父母是路桥人，小时候，他们奔波在工地与家之间，我一直跟外婆生活在一起，童年的记忆里，外婆是我生命的全部。六岁之前，我的世界是没有父母的，小时候妈妈从项目回来，给我一个橘子，我才会叫她妈妈。长大后的我，因为长期和父母聚少离多，彼此之间总是少了那么一点儿亲密，多了一份疏离，有时候甚至还会埋怨，为什么别的孩子爸爸妈妈都会在身边，而我却好像是被父母遗忘的孩子。

今天我想给大家分享的这本书《外婆的道歉信》，写的就是一个七岁少女与一个70多岁的外婆的故事，我非常喜欢书中的一个片段：

爱莎看着妈妈，妈妈看起来很幸福。爱莎轻拍着妈妈的手，而妈妈握住了爱莎的手说："我知道我不是一个完美的妈妈，亲爱的。"

爱莎用前额抵着妈妈的额头。"不用一切都完美的，妈妈。"

她们坐得很近，妈妈的眼泪流过爱莎的鼻尖。

"我工作太忙了，宝贝。以前我总气你外婆不在家，而现在我自己也是一样……"

爱莎用她的格兰芬多围巾擦干两人的鼻子。

"没有一个超级英雄是完美的，妈妈。没事。"

妈妈笑了，爱莎也一样。

原来，爱莎在探索外婆的童话世界中，早已学会了接受不完美的妈妈。成年后的妈妈也理解了外婆。

现在的我，成了一名路桥人，也成了一个女孩的妈妈。我的女儿，亦如 20 多年前的我，也是在外婆的陪伴下长大。有一次，幼儿园老师问我，女儿是留守儿童还是半留守儿童？那一刻，我的心都碎了。我想到了自己的童年，想到了女儿和我的疏离，想到了很久没见女儿时，那一声带了一点儿胆怯的“妈妈”。我哭了！崩溃了！最后，我看了朋友推荐的这本书——《外婆的道歉信》，那一刻，我释然了！我和我内心深处的那个不肯叫妈妈的小女孩和解了！当然，工作中的磨砺，也让我理解了，身为路桥人，我们对岗位的坚守与担当，必定承载着一份对亲情的无奈与亏欠。

未来的某一天，我也会成为外婆，希望我能够和书中的外婆一样，给我的女儿写一封道歉信，为她编织一个美好的童话故事，让我的孩子伴随着爱和希望去生活、去前进！

领读者

许汐语

李奕蒙

谢东江

领读作品

早晨从中午开始

许汐语：我们三个都是城龙二标一线的青年员工，今天我们分享的作品是来自路遥先生的《早晨从中午开始》。工地一线的生活，是长期的和亲人朋友的分离，是夜以继日的劳作，是只见河流山川的孤独，我们用近乎孤勇的姿态挺进大山，只为用千百个日夜换来城龙高速的早日通车。

李奕蒙：修桥，一直是我的梦想，看到一座座我参与建设的大桥拔地而起，就会觉得特别有成就感。我想起了每天至少在黄沙漫天的泮水互通来回 6 次的生活，想起了那个因为守桩，在工地上连续站了 30 个小时的日夜……路遥先生十年磨一剑，有的是一本不平凡的书，而我浇筑三年的青春与汗水，有的是一根根桩基的成功落地，是一座座大桥的完美矗立。

谢东江：隧道施工，位置更偏、安全风险更大、条件更为艰苦，我所在的花龙隧道，由于地层基本上都是四五级围岩，断层也很多，因此滑坡塌方的风险很大。我们需要 24 小时待命，在来这里之前，我已经连续上了 12 天的晚班。昨晚，托参与《领读者》节目的福，我睡了个安稳觉。

许汐语：2022 年 7 月，我只身来到了城步的大山中，从此嘈杂和纷扰的烟火气消失了，我耳边经常响起的是：三号搅拌站开工了！碎石场开机了！南山二号隧道开洞了！每一次听到，我都真心地为他们高兴，因为项目又进了一步，他们都平安归来了！

李奕蒙：我觉得，一切艰辛和付出都是值得的，我们项目部的所有人，都是为了城龙高速的早日通车，让大山里的人少蹚一条河，少爬一座山！这就是我们身为路桥人的职责所在！

许汐语：最后，让我们一起来感受一下路遥先生文字的力量。

许汐语：作家的劳动绝不仅是为了取悦于当代，而更重要的是给历史一个深厚的交代。

谢东江：如果为微小的收获而沾沾自喜，本身就是一种无价值的表现。

李奕蒙：最渺小的作家常关注着成绩和荣耀，最伟大的作家常沉浸于创造和劳动。劳动自身就是人生的目标。

谢东江：由此，这劳动就是平凡的劳动，而不应该有什么了不起的感觉。

许汐语：由此，你写平凡的世界，你也就是这平凡的世界中的一员，而不是高人一等。

李奕蒙：由此，一九八八年五月二十五日就是一个平平常常的日子，而不是一个特殊的日子。

合：由此，像往常的任何一天一样，开始你今天的工作吧！

谢谢大家！

嘉宾点评　中南大学中文系教授、博士生导师　杨雨：

有一句俗话叫“隔行如隔山”，这个“隔”字告诉我们其实不同行业之间，互相理解是不太容易的。但是你们今天的分享告诉我们阅读的力量和意义到底在哪里。阅读非常重要的意义就在于理解，你们从阅读当中获得了这样一种理解，然后又把你们理解的东西再分享给身边的，甚至更多的人，我想这也是阅读的意义。而且你们三个人向所有人证明了“90后”、“00后”不是贪图安逸的一代，是怀着浪漫的理想，勇于接受挑战和磨难的一代。

领读者

郭阳晓

领读作品

青春

现场的各位朋友，大家好，今天我想和大家分享的是李大钊先生的《青春》。

创作这篇文章时，李大钊先生正在日本留学，27 岁，他对青春的感悟是什么呢？他说："其变者青春之进程，其不变者无尽之青春也……其色者差别者青春之进程，其空者平等者无尽之青春也。"人的皮相和身体会随着年龄的增长和青春的逝去而衰败，但其坚定不移的信念，不曾动摇的初心和不曾磨灭的激情才是青春的本质。当我第一次读到这篇文章时，是 23 岁，刚刚大学毕业，还不知道自己的人生目标是什么。是按照父母的想法按部就班地待在舒适圈里？还是选择外派去接受全新的挑战，登上更广阔的舞台？我犹豫过，迷茫过，当时，就是《青春》中的这一句："勿令僵尸枯骨，束缚现在活泼泼地之我，进而纵现在青春之我，扑杀过去青春之我，促今日青春之我，禅让明日青春之我。一在脱绝浮世虚伪之机械生活，以特立独行之我，立于行健不息之大机轴。"给予了我出去闯一闯的勇气。比起安稳的生活，我更愿意迎接未知的世界，挑战更多的不可能。我在路桥人的海外一线一待就是十余年，其间辗转经历了八个海外项目，在各个岗位上磨砺、学习！这些年，我曾在工作上失败过无数次，也灰心过无数次，有时候甚至会怀疑自己，女性在建筑行业本身是不是一个错误。那些辗转反侧的夜晚，对父母、孩子、丈夫的思念和愧疚常常让我难以入眠。

"青年锐进之子，尘尘刹刹，立于旋转簸扬循环无端之大洪流中，宜有江流不转之精神，屹然独立之气魄。"我用"路桥湘军"不畏艰难困苦的精神鼓舞自己，用公司前辈和同事的经历激励自己，用李大钊先生的话语鼓舞自己。

如今，38 岁的我，面上添了风霜，头上增了白发。再读《青春》，我依然初心如磐，正如李大钊先生所说："宇宙无尽，即青春无尽，即自我无尽。此之精神，即生死肉骨、回天再造之精神也。”

因此，亲爱的同事们，朋友们，还有海外的战友们，今天，我将这篇鼓舞了我十多年，并且改变了我人生轨迹的文章分享给大家，愿我们所有人，出走半生，归来仍是少年！

接下来，我也邀请了我们在海外的路桥小伙伴一起，为大家带来一段《青春》的诵读。

吾愿吾亲爱之青年，生于青春死于青春，
生于少年死于少年也。
进前而勿顾后，背黑暗而向光明，
为世界进文明，为人类造幸福。
以青春之我，创建青春之家庭，
青春之国家，青春之民族，
青春之人类，青春之地球，
青春之宇宙，资以乐其无涯之生。

品人生百味 阅世间百态

——走进龙牌酱油

点评嘉宾：蒙 曼 钟 君 汪峥嵘

领读嘉宾：蒙 曼

领读作品：《红楼梦》等

龍牌
一滴味無窮
三餐人永壽

龙牌食品股份有限公司起源于 1740 年，现位于湘潭九华经开区。公司以农副产品深加工和销售为主营业务，主营产品有基础调味品：酱油、食醋、料酒、蚝油；复合调味品；风味小吃；等等。公司在册人员 185 人，其中 D 类高级人才 5 人，科技人才 45 人。

主打产品龙牌酱油有着 284 年的传统酿造工艺，具有深厚的历史底蕴。1915 年荣获巴拿马万国博览会奖，1981 年、1985 年、1990 年三次获国家酱油最高荣誉银质奖，1988 年获首届中国食品博览会金奖，1994 年获第五届亚洲及太平洋国际贸易会金奖。

在行业发展方面，1993 年 10 月龙牌被原国内贸易部评为“中华老字号”，“龙牌”“凤牌”商标五次获“湖南省著名商标”，2006 年、2009 年获“湖南省名牌产品”，2010 年被评为“中国驰名商标”，2011 年被评为“湖南省农业产业化龙头企业”，2018 年被评为“高新技术企业”，2020 年湘潭市被评为“中国酱油之乡”，龙牌食品被认定为“湖南省工

业旅游示范点”，2021 年被认定为“调味品智能制造湖南省工程研究中心”，2022 年被认定为“湖南省企业技术中心”，龙牌酱油酿造技艺被列入湖南省非物质文化遗产代表性项目，2023 年被评为湖南省消费品工业“三品”标杆企业。

“正宗湘菜用龙牌”，龙牌作为湘味的担当，于 2019 年始每年举办湘菜顶级赛事——“龙牌杯”中国湘菜（湘点）大师名师晋级赛，三位湘菜泰斗王墨泉、许菊云、聂厚忠大师共同签约为龙牌形象代言人及技术顾问。2023 年，龙牌借助湖南融媒体优势，赞助播出《傲娇的湘菜》《去湘当有味的地方》，成为湖南卫视官方唯一指定调味品。2024 年龙牌将开启从龙牌酱油迈向龙牌味业的进程。

领读嘉宾

蒙曼

领读作品

红楼梦

今天，节目组跟我说要让我跟大家分享一本书，然后我就在想，给咱们产业工人分享什么书呢？后来我就想分享《红楼梦》，但是我又说服不了自己，为什么产业工人要读《红楼梦》？其实我是这样理解的，我觉得每一个人，都需要有一本案头书，或者叫枕边书。它不是《新华字典》《辞海》《词源》这样的工具书，也不是专业书，比方说不是教我们怎么样酿造酱油的书，它是那种能够奠定你人生底色的书，你随时都可以拿起来，看一遍有一遍的收获，小的时候可以看，大了还可以看。所以我在想，我的枕边书或者案头书是什么？其实我从小到大，都在读《红楼梦》，我从 10 岁左右开始读，现在还在读，相信以后也会读。小时候读，读什么？读风花雪月，宝黛的爱情。后来读什么？读点人情世故，世事洞明皆学问，人情练达即文章。再读读什么？我觉得其实是读中国。当年赵普不是说吗，半部《论语》治天下，实际上，《红楼梦》曹雪芹写的到前 80 回也是半部，半部红楼是可以懂中国的。我跟大家分享一段，27 回《滴翠亭杨妃戏彩蝶 埋香冢飞燕泣残红》，大家知道讲什么事情吗？讲黛玉葬花，宝钗扑蝶。但我不想分享这段，我想分享里头一个小人物的小故事。里头有个叫红玉的丫头，本来是宝玉的丫头，那天凤姐派她去干一个活儿，去拿一个荷包，顺便说两句话，她就回来复命。

红玉上来回道："平姐姐说，奶奶刚出来了，他就把银子收了起来，才张材家的来讨，当面称了给他拿去了。"说着将荷包递了上去，又道："平姐姐教我回奶奶：才旺儿进来讨奶奶的示下，好往那家子去。平姐姐就把那话按着奶奶的主意打发他去了。"凤姐笑道："他怎么按我的主意打发去了？"红玉道："平姐姐说：我们奶奶问这里奶奶好。原是我们二爷不在家，虽然迟了两天，只管请奶奶放心。等五奶奶好些，我们奶奶还会了五奶奶来瞧奶奶呢。五奶奶前儿打发了人来说，舅奶奶带了信来了，问奶奶好，还要和这里的姑奶奶寻两丸延年神验万全丹。若有了，奶奶打发人来，只管送在我们奶奶这里。明儿有人去，就顺路给那边舅奶奶带去的。”

话未说完，李氏道：“嗳哟哟！这些话我就不懂了。什么‘奶奶’‘爷爷’的一大堆。”凤姐笑道：“怨不得你不懂，这是四五门子的话呢。”说着，又向红玉笑道：“好孩子，难为你说的齐全。别像他们扭扭捏捏的蚊子似的。”

我就读这一小段，我想说，四五门子的奶奶，这就是我们中国人面对的家庭，其实也就是我们中国古代人情之复杂，社会之复杂。一个人，要是在家里，能把这四五门奶奶的事情处理清楚，那他在社会上是可以处理一切事情的，可以处理酱油，可以处理湘潭，可以处理湖南，可以处理中国的事。为什么？因为我们中国古人讲三纲领八条目。八条目是什么？格物、致知、诚意、正心、修身、齐家、治国、平天下。我们从修身开始，就到齐家，最后我们就走到治国这条道路上了。有人说，这个还是觉得跟我们关系不大。那怎么会关系不大呢？我们做酱油是做什么？在中国古代，这叫作调和盐梅的工作，我们调和的是盐梅，但是治大国若烹小鲜，对不对？所以我想给大家推荐一本这样的书。每个人人生都会有一本属于自己的案头书，这个案头书不是教你怎么样做事，但是它会教你怎么样做人，读书最大的益处还是做人，所以希望大家把人做好，把事做好，把工作做好，把我们的厂子建设好、家乡建设好，把中国建设好。谢谢！

领读者

贺攀

领读作品

时间简史

大家好，我叫贺攀，我今天分享的是英国物理学家史蒂芬·霍金写的一本物理科普读物——《时间简史》。

我记得小时候，和父亲在夏夜里乘凉，我看到飞机在满天的繁星间穿过，我就很好奇地问他，为什么飞机不会撞到星星？父亲告诉我，其实天上的每一颗星星离我们的地球都很远，而且非常非常大，比地球都要大得多。那个时候我是不信的，我觉得天上住的一定是我在电视里面看到的神仙、孙悟空之类的。其实我的父亲只是个小学毕业的农民，也没什么文化，可他经常对我说："书到用时方恨少，一定要多读书。"可以说他不仅是我坚实的靠山，也是我人生路上的第一个"领读者"。

我对父亲的感情特别深。我还记得他每天早上送我去上学，因为我们农村的泥巴路特别窄，特别滑，他每天早上都起得很早，然后坚持背着我走那一段。都说父爱无言，我想他像大多数父亲那样，没有做过轰轰烈烈的大事，但是他做的每一件小事，我现在回忆起来，依然特别温暖，就好像他从未离开。

人生总是充满了遗憾。父亲在我 14 岁的时候离开了我，我常常在想，我能不能跟过去的父亲聊天。看这本《时间简史》，我找到了答案。

《时间简史》里面，霍金是这样写的：

设想有朝一日，我们能运动得比光还快，相对论意味着，我们就能向时间的过去运动……（但是）要打破光速壁垒存在一些问题，相对论告诉我们，飞船的速度越接近光速，用以对它加速的火箭功率，就必须越来越大……我们可以把粒子加速到光速的 99.99%，但是不管我们注入多少功率，也不可能把他们加速到超过光速壁垒。

时光无法倒流，这是科学，也是我看完《时间简史》后的释怀。父亲走的时候跟我说："人穷志不穷，一定要活得有根骨。"现在的我热爱工作和生活，在工作之余，还会去露营、骑行、唱歌。我觉得人生最重要的是珍惜家人和朋友，珍惜生命和时间，在有限的生命里勇敢地表达爱和感激。

最后，我想以这首筷子兄弟的《父亲》结束我今天的分享，感谢父亲 14 年的用心陪伴。谢谢大家！

嘉宾点评　中央民族大学历史文化学院教授、研究生导师　蒙曼：

我们的人生是需要领路人的，我们每个人对领路人都需要充满敬意，你的领路人是父亲，我想说的是：谁言寸草心，报得三春晖。还有一个，你关注的是时间，时间永远在流逝，怎么样才能不辜负时间的流逝呢？怎么样才能过好自己的人生？送你的第二句话是：及时当勉励，岁月不待人。

领读者

张红梅

卢小平

领读作品

人生海海

张红梅：大家好！我叫张红梅，是龙牌酱油酿造车间的工人。

卢小平：大家好！我叫卢小平，是龙牌酱油的保安队长。

张红梅：6 年前，我来到了龙牌，一开始只是一名流水线的工人，然后做到包装班班长，再到酿造车间班长，从对酿造一点儿都不懂，到能够独自带领团队，2023 年又评上了我们湘潭市的劳模，我特别开心。别人的劳模都是劳动出来的、累出来的，我的劳模是问出来的、记出来的。

为了适应不同领域的“跨界”调任，尽快弥补自己的短板，我每天都是最早一个来到生产现场。遇到问题不懂就问，我是车间里问、工休时间问、用餐时间也问，甚至下了班还会电话追问酿造师傅们，问这问那，甚至把师傅们都问怕了。我怕记不住，就把所有问到的知识点都记在本子上。

我来自农村，之前，在我工作的地方，我因为没什么文化又什么都不懂，遭受过不少冷言冷语，这一度让我想过回家务农。偶然的机会，来到龙牌之后，我才感觉到，只要努力我也能行！

卢小平：我和红梅一样，也是农村妇女，47 岁之前，从来没有走出家门工作过，到龙牌做保安，是我的第一份工作。2016 年，我丈夫生了一场大病，家里的担子差不多都落在我肩上了，那段日子特别难熬和无助，我经常崩溃大哭。为了给他治病，我带着他跑各地的大小医院，好不容易病情才好转，可他再也干不了重活儿，只能在家休养。为了补贴家庭的开支，我鼓起勇气来城里找工作，很幸运能够在龙牌扎根下来。我非常感激，我这么大年纪了，没有工作经验，龙牌还包容我，让我留下来，还当上了保安队长，我真是打心底里感激我们这个老字号的企业。前不久，红梅给我推荐了这本《人生海海》，说的其实是人生如海，山山而川，人生难得圆满，生活多是缺憾。书中的上校之所以是英雄，不在于他杀敌多少、战功如何，而是看清了生活的真相后，依然执着地热爱着。我知道，这也是红梅对我的一种鼓励，谢谢她！今天我们共同为大家分享其中的一段：

报纸上说的，世上只有一种英雄主义，就是在认清了生活真相后依然热爱生活。我不知道什么是生活真相，什么是英雄主义，对爱不爱生活这个说法我也不觉得有什么好的。要我说，生活像人，有时或有些是让人爱的，有时或有些又是不让人爱的，甚至让人恨。

是的，人生海海，无论生活中有怎样的磨难，都要有面对的勇气。生命尚在，就没有什么可以击垮我们。

谢谢大家！

嘉宾点评　湖南省社会科学院党组书记、院长　钟君：

生活让谁也骄傲不起来，就像书里说的，幸福永远是充满缺憾的。但是生活有两种，一种是身生活，另一种是心生活。身生活就是我们感官的、物质的需要。它像是一个漏斗，最终都消化掉了。但是我们的心生活，就像是万宝囊，存而能击，击而能化。我们真正的人生是拥有一个充盈、幸福、丰满的精神世界的人生，在二位身上我充分地感受到了。

领读者

洪嘉昱

领读作品

没有伞的孩子，必须努力奔跑

大家好，我叫洪嘉昱，今天我想分享的这本书叫作《没有伞的孩子，必须努力奔跑》。

在书店看到这本书的时候，我一眼就被这本书的书名吸引了。5 岁的时候，妈妈就离开了我，爸爸在外务工，我是被太奶奶带大的。16 岁的时候，我就走进了社会这本“大书”，进入一家电子厂为家庭分担负担。那个时候的我，很迷茫也很无助，每天都是麻木地完成流水线的工作，工作时间长，工资也不高，有时看见别人去外面吃好吃的，心里羡慕得不得了，因为我兜里的钱，只够吃厂里的员工餐。那时候的我，抱怨生活，埋怨命运，夜深人静的时候就躲在宿舍哭，把枕头都哭湿了，但是一切并没有任何改变。浑浑噩噩地干了两年后，我有了要改变现状，改变生活的想法。我从工厂辞职，孤身一人在外寻找工作，偶然的一次机会，我看见了公司的招聘信息，没想到很快就通知我上班了。刚入职的时候啥也不会，是店长军哥还有店里的伙伴们手把手地教我，让我很快爱上了这个朝气蓬勃的团队，还有这份服务员的工作。

在这里，只要你够努力，就可以拉近你和别人的差距，甚至还能比别人做得更好。虽然你的起点比别人低，但是只要你不断地努力，不断地提升自己和工作技能，你就可能站得比别人更高，看得比别人更远。现在的我觉得，其实每个人，不管从事什么工作，什么职业，都应该有梦想，当你有了梦想，就会想要拼尽全力去实现。今天，我想分享的是《没有伞的孩子，必须努力奔跑》书中的这段话：

我们身边的环境，就像是那一壶泡茶的水，可能是温的，甚至是冷的，而我们所要做的，就是不断努力，不断提高自身的各项素质和能力，让那一壶水温度升高，直至沸腾。没有什么可抱怨的，所有人的起点都一样，都是一壶温水或者冷水，或许别人的那一壶水温度比你稍高一点，但不管怎样，在尚未付出努力之前，每一个人的水都不可能是沸腾的，也都不可能沏出散发诱人香味的茶来。

用我们自己的努力行动来加热那一壶水，用心地把那一壶水加热，直至沸腾，就可以用它冲泡出一杯芳香四溢的绝妙好茶，我们也就可以摆脱失意，享受成功的快乐。

今天，特别开心能站在《领读者》的舞台上，分享我的故事。在这里，要特别感谢一直照顾我的太奶奶、太爷爷，谢谢店里的军哥和我的小伙伴们，因为你们，我才成为那个“努力奔跑的孩子”。现在我的梦想是，努力工作争取早日当上店长！谢谢大家！

嘉宾点评　中央民族大学历史文化学院教授、研究生导师　蒙曼：

一边奔跑一边去找你的伞吧！你的伞是什么呢？我觉得龙牌这个工作单位本身就是你的一把伞，读书也是你的一把伞。跑着跑着，伞就来了，然后你就可以像草原上的骏马那样，何当金络脑，快走踏清秋。

领读者

张越

领读作品

走到人生边上

大家好，我是张越，很开心在这里分享我和龙牌的故事。

“龙牌酱油灯芯糕，坨坨妹子随你挑”，这是一句湖南人耳熟能详的俗语，龙牌创立至今已经有283年的历史，这是我们湖南人记忆中的“家乡的味道”。

今年是我在龙牌的第21年，21年来，我见证了龙牌的发展与壮大。记得初到龙牌的时候，厂房陈旧，设备落后，整个工艺流程都是作坊式的手工操作。酱油是手工灌装，瓶盖是用一个小锤子敲进去，特别是冬天，手工贴标，员工的手上都长满了冻疮。最难的时候，原材料都是员工集资买的。后来好不容易组建了新厂，奠基那天，下着很大的雪，工地泥泞不堪，我搀扶着王老（龙牌非遗传承人）深一脚浅一脚，拿着铁锹，一起把奠基石埋下去。那时候我们就说，再坚持几年，龙牌一定会重新振作起来的，事实也是如此。

今天我给大家推荐的是杨绛先生的《走到人生边上》。这本书是杨先生96岁的时候写下的，我是在2014年8月的时候买下的这本书，就是我刚刚讲到的那段人生最困苦的时光，杨先生的这本书给了我很大的力量。今天我给大家分享其中的一小段：

人需要锻炼。有一个明显的理由。人有优良的品质，又有许多劣根性杂糅在一起，好比一块顽铁得火里烧，水里淬，一而再，再而三，又烧又淬，再加千锤百炼，才能把顽铁炼成可铸宝剑的钢材。黄金也需经过烧炼，去掉杂质，才成纯金。人也一样，我们从忧患中学得智慧，苦痛中炼出美德来。

“千锤成利器，百炼变纯钢。”古今中外，要想成就事业，都必须经过种种艰苦磨难。能忍一般人所不能忍，才能行一般人所不能行的，才能成就一般人所不能成就的事业。龙牌酱油酿造同样如此，必须经历“春投料，夏晒露，秋收成，冬晒油”的四季淬炼，经历300多天的时间沉淀才能酱香浓郁，豉香悠长。

谢谢大家！

嘉宾点评　湖南省社会科学院党组书记、院长　钟君：

经常有学生问我，什么是富贵？我想富贵不是有钱了就富了，身份、地位高了，权力大了就贵了。真正的富贵是身安为富，心安为贵。当你的身体在一个地方安顿下来，当你心安理得，你就是富贵的。听完你的分享，我认为龙牌就是一个富贵之地。

领读者

谭先祥

领读作品

孙子兵法

大家好，各位评委老师好，我是谭先祥，是一名厨师。来了龙牌就得吃这道最正宗的龙牌酱油炒饭，这里先请各位品尝，特别是远道而来的蒙曼老师，相信一定能让您回味无穷。

我很喜欢《孙子兵法》这本经典名著，可能有人认为，《孙子兵法》讲的是如何带兵打仗，我一个厨师，读一本兵书，有什么用呢？我们细想一下，战斗一定是战场上的刀光剑影吗？在工作中，我们又有哪一刻停止过战斗呢？

作为一名厨师，每天最重要的工作就是把每一道菜做“好吃”，而“好吃”可不是那么容易做到的。做湘菜的都知道，湘菜小炒最大的特点是猛火爆炒，这个“猛火”其实就是炒菜过程中的一种“势”。刚开始学厨的时候，我不敢用猛火，生怕掌握不好火候炒煳了，很长时间，我都没法进步。后来师父一句话点醒了我，他说：“猛火不是敌人，要学会乘势而上，就算炒煳了也比火候不够更好吃！”后来我才知道师父说的“乘势而上”，是来自他对《孙子兵法》的感悟，我才会看这本书、喜欢这本书。

现在我当了厨师长，这本书除了炒菜，还对我管理后厨特别有帮助，保证整个厨房的出品质量。通过这几年后厨管理经验的积累，我也加深了对“势”的理解和运用。做厨师的，最怕的就是七八月份，温度高达50来摄氏度的厨房里，就连身强力壮的我，都有过连续四五天中暑的经历，所以后厨里面每天都会有人中暑倒下，还有一些厨师会因为受不了高温离职，后厨团队的“军心”这个时候很容易就被撼动，进而影响到整个门店的运营。

为了解决这个问题，我们也想了很多办法，比如给后厨每个员工准备藿香正气水；每天在冰箱中都放有两个冰西瓜和一些冰可乐；加强厨房的通风；安排员工回去刮痧、拔火罐等。“顺势而为”，让厨师们看到了企业对他们的关心和关怀，更加坚定了他们的选择。

《孙子兵法》给我带来了很多领悟，将“势”运用在厨师工作的“战场”中，确实如虎添翼。旌旗纷纷，人马纭纭，战场上事态万端，但自己的指挥、组织、阵脚不乱，胜利才在我们的把握之中。最后以《孙子兵法·势篇》结束我今天的分享：

纷纷纭纭，斗乱而不可乱；浑浑沌沌，形圆而不可败。乱生于治，怯生于勇，弱生于强。治乱，数也；勇怯，势也；强弱，形也。

故善动敌者，形之，敌必从之；予之，敌必取之；以利动之，以卒待之。故善战者，求之于势，不责于人，故能择人而任势。

任势者，其战人也，如转木石。木石之性，安则静，危则动，方则止，圆则行。故善战人之势，如转圆石于千仞之山者，势也。

嘉宾点评　中央民族大学历史文化学院教授、研究生导师　蒙曼：

《孙子兵法》不仅是讲勇，还讲谋。什么是“势”？我觉得就是擅长掌握强弱的转化，让自己处在可以顺势而为，也可以乘势而为的位置上，这样才能把所有的事情做好。不仅包括开门七件事：柴米油盐酱醋茶，还包括我们国家的治国理政。其实你站在这里就很有气场、有“势”了。那个“势”是什么呢？海到无边天作岸，山登绝顶我为峰。

领读者

王珂瑶

领读作品

行路难

大家好，我是王珂瑶，今天我要给大家分享的是中国古诗词。

我估计可能现在很多人对古诗词的印象还停留在上学时期，因为应付考试，才会机械地背古诗词，很少用心去体会诗词中所蕴含的情绪和美好。

我也是直到大学的时候，喜欢上了一个女孩，当时看见她，觉得她特别亮眼，真有种“我见众生皆草木，唯有见你是青山”的感觉。当时的状态就是总会想她，看见和她相关的事会想起她，看见好看的、好玩的、有趣的都想第一时间和她分享，也总是会想象和她在一起的画面。古诗词里有一句“晓看天色暮看云，行也思君，坐也思君”真是一下子，把我那种走也想、坐也想的心境写出来了。后来，我们就在一起了，我们一起考研，朝夕相处了好多年，现在依然还是“初见乍惊欢，久处亦怦然”。这也让我对诗词有了更深的理解和热爱，有事没事都翻两下。

看到月亮和梧桐，我会用手机拍出“缺月挂疏桐”的那种意境。遇到挫折时，我不会只顾着垂头丧气，而是会被“沉舟侧畔千帆过，病树前头万木春”激励。工作中也会遇到各种难题，也有特别想泄气的时候，我们邹总常跟我们讲：“工作中和生活中总会遇到难题，不能畏难，要直面困难。”

这时候我会想到《行路难》，这首诗在我人生失意和低谷的时候，总能给我力量。今天我也想把诗仙李白的这首诗分享给大家：

金樽清酒斗十千，玉盘珍羞直万钱。
停杯投箸不能食，拔剑四顾心茫然。
欲渡黄河冰塞川，将登太行雪满山。
闲来垂钓碧溪上，忽复乘舟梦日边。
行路难！行路难！多歧路，今安在？
长风破浪会有时，直挂云帆济沧海。

领读者

王培其

唐东耀

领读作品

匠人精神

王培其：大家好！我是王培其，今年75岁，是龙牌酱油第五代传承人。

唐东耀：大家好！我是王老的徒弟唐东耀，是新一代酱油人。

王培其：我是一个制酱人，一辈子，只用心做好这一件事。我16岁来到龙牌做学徒，在这里一干就是60年。

大家看我的大拇指和食指，这是一双典型的酱油人的手，因为常年泡在酱油里，显得特别黄。干了一辈子，我琢磨最多的是，怎么把这项传统技艺传承下去，怎么让最正宗的“湘味”承继下去。

唐东耀：我师父的技术相当精湛，每次收到豆子，他用手抓一把，就知道豆子质量好不好。到制曲车间门外，他一闻味道，就知道曲是做得酸过头儿了，还是没发酵好。两年前，我开始跟师父王老学习做酱油，我入行时间短，想尽快学会酿酱油，一定要靠“心”，决心、耐心、恒心、虚心，一个都不能少。作为新一代的学徒，我的主要工作是照看好他这辈子最重要的“宝贝”——晒酱园里几千口酱缸。

做酱油除了靠技术，更是个老天爷赏饭吃的活儿，这一两年，不管严寒酷暑，我每天都要在园里待十来个小时，走几万步。太阳出来后要晒酱，要把酱缸的盖子一个个打开；下雨的时候，不管在干什么，都要第一时间赶到酱园，给酱缸盖盖子。经常酱缸盖好了，我们也淋成了落汤鸡。有时晒得脱皮中暑，有时又被雨淋得生病，但是我却甘之如饴。看到酱醅晒得好，酱油出得香，心里就觉得特别踏实。这些年，我体会到，其实人生就像这酱油一样，它需要日晒夜露，需要经过时光的磨砺，才能成就最好的味道。

最后，我们用《匠人精神》里的选段，与所有手工匠人们共勉：

王培其：工匠精神讲究“守破离”的原则。从跟着师父修业，“守”

就开始了。要模仿作为工匠的心理建设，以及学习生活态度、基本训练、程序、心得技术等作为工匠必须具备的所有一切。

唐东耀：所谓“破”，指的是将师父传授的基本形式，努力下功夫变成自身本领的阶段。通过一边摸索、一边犯错，在师父的形式中加入自己的想法。

王培其：所谓“离”，指的是开创自己新境界的阶段，也就是从师父那里独立出来。

合：所谓“守破离”，正是奠基于师徒关系、通往一流的道路。

谢谢大家！

嘉宾点评　湖南省社会科学院党组书记、院长　钟君：

在过程中找到动态平衡，就在于惟精惟一，也就是匠人精神。在二位身上我看到了这种惟精惟一。特别是习近平总书记在讲劳动的时候，强调要大力弘扬劳模精神、劳动精神和工匠精神。劳动创造幸福，时代成就伟业，总书记还强调四个“最”：劳动最光荣、劳动最崇高、劳动最伟大、劳动最美丽。向最光荣、最崇高、最伟大、最美丽的匠人——也就是你们，致敬。

山乡巨变　文约清溪

——走进益阳清溪村

点评嘉宾：水运宪　傅建安　文　力

领读嘉宾：水运宪

领读作品：《人生忽然》等

清溪村
山乡巨变第一村

中国当代作家签名版图书珍藏馆

湖南益阳清溪村作为长篇小说《山乡巨变》的原型而闻名全国，如今，这座小山村用文化赋能乡村振兴，在农业、文化和旅游产业的深度融合中，迎来了新时代的山乡巨变。

湖南益阳清溪村地处洞庭湖平原，四周层层青山、片片良田。60多年前，作家周立波从北京搬回老家清溪村，与乡亲们同吃同住同劳动，以这里为原型，写下了广为人知的文学作品《山乡巨变》，描绘新中国成立初期人们为改变乡村面貌而努力奋斗的动人场景。如今在周立波故居旁，新建起的立波清溪书屋吸引了不少慕名而来的游客，在这里近距离感受《山乡巨变》传递的奋进力量。

因地制宜探索乡村振兴之路，近年来，清溪村通过发展现代农业，融合特色乡村旅游，让《山乡巨变》书中描绘的未来愿景变成美好现实。立波清溪书屋的管理员卜雪斌曾是一名矿工，在外打工的他看到村里农文旅融合产业越做越好，决定回乡创业，和爱人一起经营当地传统小吃

播茶。2022 年，当得知村里要和中国作协合作，租赁部分民居打造“作家书屋”，卜雪斌第一个到村委会报了名，申请将自己的房屋进行改造，成为立波清溪书屋的管理员。

把文化作为发展的独特底色，以书屋带动文旅产业的发展，不仅是立波书屋，如今在清溪村，王蒙书屋、阿来书屋等都各具特色，中国作协还与村里进一步合作，通过举办“作家活动周”“清溪一课”等文学品牌活动，帮助村里持续用好文化资源，把“清溪村书香之旅”名气越做越大。2023 年，清溪村共接待游客 120 万人次，“公司 + 集体 + 农户”的管理模式还为村里提供书屋管理员、讲解员、民宿服务员等近百个就业岗位，500 多人实现了“家门口”就业，年人均收入已达 5 万元。如今，已有 60 多名年轻人陆续从大城市返回清溪村，成为新一代乡村振兴的建设者。

村民们的腰包鼓起来，村里的文明风貌立起来，在积极探索农文旅三产融合的过程中，清溪村迎来了新时代的“山乡巨变”。

领读嘉宾

水运宪

领读作品

人生忽然

领读者

大家好，我今天向大家推荐的好书是我们湖南作家韩少功的作品，《人生忽然》。《人生忽然》分为三辑。第一辑《读大地》，收录了作家对自然、大地、社会、生命、故乡等万事万物的精彩叙述。第二辑《读时代》，收录了韩少功关于知识与经济、科技与价值、历史与文化、中国与世界、乡村与城市等转型时期的哲学思考。第三辑是《读自己》，我认为这是《人生忽然》这本书最精华的篇章。收录了作家本人几十年的人生经历、处世的智慧以及灵魂深处最本真、最深情、最动人的点点滴滴。

在《人生忽然》这本书中，作家不断地谈到个体生命和大时代，对于普通人应该怎样确立自我价值进行了深刻的、灵魂的叩问。比如什么是情商？韩少功在书里说：情商说直白一点，就是一种道德觉悟，一种适群者和利群者的心胸、眼界、性情以及能力，一种能够推进“友好与合作”的阳光品质。比如怎样看待生命？韩少功在这本书里告诉我们说：一次性的生命其实都是至尊无价的，都是不可重复的奇缘所在。且让我们相互记住，哪怕记不了太久，哪怕一切事物都在鸿飞雪化，尽在忽然瞬间。关于怎样看待个体生命和大时代，韩少功在这本书里说：一个人生命有限，不一定遇上大时代。同样坦白地说，“大时代”也许从来都是从“小时代”孕生而来，两者其实很难分割。抱怨自己生不逢时，不过是懒汉们最标准和最空洞的套话。普通人怎样确立自我价值？韩少功动情地写道：当太阳还隐伏在地平线以下，萤火虫也能发光，划出一道忽明忽暗的弧线，其微光正因为黑暗而分外明亮，引导人们温暖的回忆和向往。总而言之，我觉得很多普通人，在时代中遇到和面临的问题，《人生忽然》都可以给出答案。这是一本蕴含人生智慧的散文集。我把它推荐给大家，是希望能够启发和鼓舞更多迷茫脆弱却又满怀憧憬、渴望天地的读者朋友们。

谢谢大家！

领读者

施光华

领读作品

秋天的怀念

大家好！我是施光华，是一名火电厂的电气检修工，也是一个在湖南的东北人。

24 年前，我刚来益阳的时候，妈妈就很不同意，哭着劝了我好几次，觉得儿子还是在身边好一点。当时我也不太懂母亲的担忧，直到我自己结婚生子，有了自己的孩子。有一次，把 5 岁的儿子送回东北给爷爷奶奶照顾了大半年，我才明白父母对孩子那份牵肠挂肚的心情。最近不是有句话流传很广吗？3 岁以前，家是孩子的全部；6 岁后，家是孩子的早上和晚上；12 岁，家就是周末；18 岁后，家就是暑假和寒假；结婚后，家便是过年。现在我的儿子 7 岁，正在上小学，每天就真的只是早上和晚上才能见到他，哪天我上晚班还不一定见得到。子欲养而亲不待，我内心最大的遗憾是，父母年纪大了，做儿子的却不在身边。春天电厂得春检，迎峰度夏得 24 小时待命，确保机组运转正常，保证每天 4000 多万千瓦时的发电量，确保全省的工业用电和居民用电。回一次东北老家都变得特别难，眼看着，视频里的妈妈越来越老，也不知道她说的一切都好，是否真的都好。史铁生的散文《秋天的怀念》中，不着一字却句句含情，把对母亲无边的怀念诉诸笔端，读着读着，我就想到自己的妈妈了！今天，我为大家分享其中的一段：

双腿瘫痪后，我的脾气变得暴怒无常。望着望着天上北归的雁阵，我会突然把面前的玻璃砸碎；听着听着李谷一甜美的歌声，我会猛地把手边的东西摔向四周的墙壁。母亲就悄悄地躲出去，在我看不见的地方偷偷地听着我的动静。当一切恢复沉寂，她又悄悄地进来，眼边红红的，看着我。“听说北海的花儿都开了，我推着你去走走。”她总是这么说。母亲喜欢花，可自从我的腿瘫痪以后，她侍弄的那些花都死了。“不，我不去！”我狠命地捶打这两条可恨的腿，喊着，“我可活什么劲儿！”母亲扑过来抓住我的手，忍住哭声说：“咱娘儿俩在一块儿，好好儿活，好好儿活……”那天我又独自坐在屋里，看着窗外的树叶“唰唰啦啦”地飘落。母亲进来了，挡在窗前：“北海的菊花开了，我推着你去看看吧。”她憔悴的脸上现出央求般的神色。“什么时候？”“你要是愿意，就明天？”她说。我的回答已经让她喜出望外了。“好吧，就明天。”我说。她高兴得一会儿坐下，一会儿站起：“那就赶紧准备准备。”“哎呀，烦不烦？几步路，有什么好准备的！”她也笑了，坐在我身边，絮絮叨叨地说着：“看完菊花，咱们就去‘仿膳’，你小时候最爱吃那儿的豌豆黄儿。还记得那回我带你去北海吗？你偏说那杨树花是毛毛虫，跑着，一脚踩扁一个……”她忽然不说了。对于“跑”和“踩”一类的字眼儿，她比我还敏感。她又悄悄地出去了。她出去了，就再也没回来。

谢谢大家！

嘉宾点评　湖南省作家协会名誉主席、作家　水运宪：

史铁生体验到的是生命的苦难，表达的却是存在的快乐和希望，他睿智的语言照亮的是我们日益幽暗的内心，我们需要史铁生，需要这种顽强地活下去的精神，需要这种阳光在心灵照亮。

领读者

文建海

领读作品

山乡巨变

大家好，我是数控机床操作工文建海。我的工作就是向机床输入代码或其他专用的符号、指令程序，把零件加工出来，保证零件的工艺技术和精细质量。

2001 年，毕业后来到厂里，我就想多学一点东西，要成为数控机床操作的多面手。当时厂里只有一台数控机床，师傅也没有时间教我，我就偷偷学，买了一些编程的书来看，在家里自学。后来，有师傅愿意带我，我就把车、铣、镗、磨整套加工技术学了个遍。但是师傅也不是每个人都愿意带，师傅看人，你肯不肯学，再看你工作表现怎么样。我比较老实肯干，对机械感兴趣，每次跟着师傅加工，我都能把师傅下一步要的工具递给他。所以我跟过 6 个师傅，算是厂里拜师最多的人了。我知道要想成为一名数控大拿，不仅要钻研业务，还要精益求精。我主要负责生产密炼机和平板硫化机，我们的机器可以用来生产高铁上的刹车片，大货车、小轿车的轮胎，港口、煤矿的传送带。加工精细就是要保证机器的质量，质量越好，使用寿命越长，故障率越低，我们厂的机器一般能使用 20~30 年，是行业内领先的。我在益阳橡机工作了 22 年，从一名懵懂的操作工成为业务能手，还评上了省级劳模，可以说，工人这个身份成就了我。现在，我希望能把师傅教我的和我自己摸索出的好技术、好方法，毫无保留地传给我的徒弟，让我们的数控技术后继有人。今天，来到清溪村参加《领读者》，特别想分享周立波先生《山乡巨变》中的这段话：

我自从参加工作，就立下了一个志向，也可以说是一片小小的雄心，我要经我手把清溪乡打扮起来，美化起来，使它变成一座美丽的花园，耕田的人架起拖拉机……你看，这里是机器站，这里是水电站，这里呢，是用电气挤奶的牛奶站，这里是有电灯电话、一套肃齐的住宅区，中间是花园，后山是果林。到时候，请你回来赏花、尝果子！

我也有个“小小的雄心”，那就是当工人中的“邓秀梅”。当时，邓秀梅书记初来乍到，克服重重困难，完成了农村合作社的建立。就像当年的我，靠自己不断地琢磨、钻研，如今也具备了一定的技术能力。我要像邓秀梅同志一样，由自身出发感染身边的人，继续把劳模精神、工匠精神传承下去，把后面的数控技术人才团队带出来，为我们的中国制造、中国创造贡献我们工人群体的力量。

谢谢大家！

嘉宾点评　全国劳模、湖南兵器资江机器公司工人　文力：

你讲的很多内容我深有感触，我和你一样，都是从事数控加工行业，精益求精、不断创新，是我们永远的追求。当越来越多的人有工匠精神，去创新挑战的时候，我们的家乡和祖国会变得越来越好，这也将迎来我们新时代的巨变。

领读者

周　雯

曾雅婷

领读作品

袁隆平的故事

周雯：大家好，我是周雯。

曾雅婷：大家好，我是曾雅婷。

周雯：我是一名农艺师，从事水稻育种与栽培的研究工作已经六年多了。经常会有人问我，一个女孩子为什么要学农？当年，我是村里的第一个大学生，老家的亲戚邻居也非常不理解，好不容易跨出“农门”，怎么选个专业还是当“农民”？

面对这些声音，很多时候，我都选择一笑而过。但是面对自己的至亲，有时候并不是那么容易。我的爸爸，是一个农民工，靠着外出打工挣钱供我上了大学、读了研究生，非常辛苦也非常不容易。爸爸最大的心愿，就是我可以不再像他那样风吹日晒地劳作。没想到，我却选择了农业，依然逃不了“下地种田”。尤其是像这样的农忙时节，也是我们最忙的时候，为了抢收早稻，早上六点多就得下试验田，要一直忙到半夜。现在我们甚至比真正的农民还累，不少地方农业都实现了现代化，采用机器播种收割。我们的试验田，为了保证科研数据的准确性，反而都是人工种人工收，一点儿都躲不得懒。稻子熟了，我们得自己把种子一颗颗打出来。因为万一不小心搞混了哪怕一棵稻子，都会造成误差，所有人几年的研究成果就都白费了。

曾雅婷：我是去年从浙江大学研究生毕业，才来益阳农科院不久的新人。说实话，对这份工作我是有误解的。读书的时候也搞研究，但都是在实验室里，到这里才发现，水稻育种必须下田，还得真种田，过日出而作日落而息的生活。虽然辛苦，但我们最开心的是科研成果检验通过，那是属于我们育种人的“高光时刻”，这也是我们努力耕耘的意义所在。我们水稻育种人的偶像都是袁隆平，《袁隆平的故事》是我和雯姐的案头书，遇到难题和困惑时就会翻一翻，总能帮助我们找到问题的答案。今天我们为大家分享其中的一小段：

周雯：“袁隆平，听说你正在搞科学实验，你一定会为我们培育出新的稻种吧！如果研究出能增产的稻种，亩产400公斤、500公斤、1000公斤，那该多好啊！我们就可以战胜饥荒，苦日子就可以结束了。”

曾雅婷：农民老向的一句话让袁隆平微微怔住了，随即陷入了沉思。老向的话语虽然朴实，可他代表了亿万人民的心声和愿望。“改良品种，战胜饥饿”，有着多么重要的意义啊！

周雯：让所有人远离饥饿，这个梦，袁隆平惦记了一辈子，也探索实践了一辈子，在培育杂交水稻这条道路上，他从未懈怠。

曾雅婷：无论收获再大再多的荣誉，他依然奔走在田间地头，为一生追寻的“禾下乘凉梦”而不断耕耘。

合：这位老者，以一颗赤子之心，对这片土地爱得深沉。

周雯：“书本里长不出水稻，只有田里才长得出水稻。”这是袁隆平送给年轻科研工作者的成长秘诀，唯有实践，方不辜负真理。

曾雅婷：禾下乘凉梦，一梦逐一生。这是袁爷爷的梦，也是我们所有后来者的梦。

合：未竟的事业，科学的价值，正待我们去坚守，拼搏，开掘。请放心，您这位“90后”没有完成的，还有我们这些“90后”顶上！

谢谢大家！

嘉宾点评　湖南城市学院人文学院院长　傅建安：

一粒稻谷可能在普通人的心中是平凡的，但是在你们科研工作者的眼中却是“明珠”和希望，你们从袁隆平的故事中汲取了力量。

领读者

魏启翔

领读作品

世界尽头的咖啡馆

大家好，我叫魏启翔，我的老家在青海，大学毕业后来到了水泥厂，成了一名机械维修技术工人。有人调侃说，我是从青藏高原的大山里来到了湖南的大山里。每天睁开眼，就是宿舍、食堂、工厂三点一线，生活非常枯燥，每天接触最多的是厂里的各种机器。刚开始工作时，第一次执行任务，就要爬上 100 多米的入窑斗提。虽然系了安全绳，还是被吓得不行。我的工作，每天都是爬上爬下，必须精神高度集中，经常忙完一天下来灰头土脸，衣服都很少有干净的时候。有一段时间我迷茫过，当时我的爸爸、妈妈特别希望我回老家工作，我也动摇过，但一次紧急抢修任务，改变了我的想法。当时是预热器顶部的入窑斗提电机损坏，要我们进行抢修。接到通知时，已经很晚了，还下着大雨，我跟着师傅们马不停蹄地赶往现场，我们要把 800 公斤重的电机从 108 米高的顶部拆到地面，顶部平台空间特别狭小，转身都非常困难，为了尽快让设备正常运行，我和团队的小伙伴们，一干就是 10 多个小时，终于在凌晨三点的时候使设备恢复正常运行。10 多个小时特别累，但是我的内心却很兴奋，很有成就感，因为我们团队的坚持和努力，让设备最快速地恢复了运行。这也是我们作为产业工人，为国家的城镇化建设贡献出了一份自己的力量。今天我想和大家分享的书是《世界尽头的咖啡馆》，在我迷茫、烦恼时，是这本书让我找到了答案。我也将它分享给那些远离故土、山海奋斗、内心挣扎却脚下坚定的你们。

我多年来都在想，除了我已经体验到的事物，生活是否还有更多的可能性？

高中的时候，我为了考大学而努力；上了大学，我为了找工作而努力；再之后，我来到公司上班，把时间花在努力升职上；现在，我开始质疑那些引导我沿着这条道路前行的人，怀疑他们只是把自己曾经接受过的指导跟我重复了一遍。

其实，生活本来就很精彩。只不过有人没发现自己是作者，没发现他们可以按自己的想法创作。一个人要是知道了自己存在的意义，他就会为了实现这个意义做一切想做的事。

一路走来，我也有过为了满足别人和社会的期待努力奔忙，在无数个被外力推着走的日子里，其实我想，每个人都是自己的主角，我们要做的，不过两件事：做自己，要开心。在日复一日的工作中，我寻找到了属于自己的价值和乐趣，并找到了自己所坚守的方向。

谢谢大家！

嘉宾点评　湖南城市学院人文学院院长　傅建安：

第一，在低头赶路的时候，不要忘记看沿途的风景；第二，不要画地为牢，要勇敢地做自己。

领读者

刘杏益

宋喜梅

领读作品

发酵的时光

刘杏益：“匠心技艺，传承千年；一生一事，执着坚守。”我是国家级非物质文化遗产茯砖茶制作技艺代表性传承人，有人戏称我是益阳茶厂的茶“痴”，靠着30多年的坚守，我研发了110多款茯茶产品，解决了茯砖茶只能在伏天生产、没有茶梗不能发花这些技术难题，保证了益阳茯砖茶在传统工艺的基础上开展规模化生产。制茶，是一件值得做一辈子的事。做好茶，是我们每一个制茶人一生的追求。好茶要与热爱的人分享，才更有滋味。喜梅妹子是个爱茶的人，更是个有爱心的人，她的户外劳动者服务站，就把一杯杯好茶分享给了更多有需要的人。

宋喜梅：其实，刘老师提的这个户外劳动者服务站，就在我们的清溪村。当时我的茶室在装修的时候，有很多一线的劳动者在周围搞园林维护，打扫卫生，这些叔叔阿姨在中午的时候，会在台阶上休息，在很小的屋檐下躲太阳，看到他们满头大汗，脚都没办法伸展，我当时就很心酸。因为我的父母也是农民，哥哥们也在外面做工，看见他们，我就想如果是我的父母，他们在外面做事的时候，能有个歇脚的地方，就近喝口茶该多好。在工会的帮助下，我在我的茶室里建起了户外劳动者服务站，让这些叔叔阿姨，热了有地方乘个凉，渴了有地方喝口茶，累了能歇下脚，饿了可热一下饭菜。今年我们还把茶艺培训室整理了出来，让叔叔阿姨们可以有个睡觉的地方。他们看见地上很干净，就把鞋留在门外面，还互相督促说小姑娘擦地不容易，我们不能给她添麻烦！说完没一会儿就睡着了。

尊重是相互的，屋外四季植被交替，道路整洁，环境美丽，我们享受着这些户外劳动者的付出，我做的这些只是举手之劳。这里我也向所有的户外劳动者呼吁一声，渴了累了，记得来我们的“户外驿站”，我一定备好茶相待。今天为大家分享的这本书，是一本讲述黑茶的摄影集——《发酵的时光》，摄影师曾丽霞在这些讲述传承的照片里，将我和一群爱茶的小朋友定格。我和刘老师一起为大家带来我们都非常喜欢的一段话：

一席茶事，一段时光，茶之岁月，壶里春秋。也许生活有太多的无奈，我们无法改变。何不坐下来，煮一泡温和的黑茶，慢慢品饮，让沸腾的热气抚平内心的坎坷。把所有的心事，委屈，思念，全都稳妥地安放。让茶的清香，冲淡生活的烦恼，把疲惫放逐在淡泊里，将烦恼化作清风，用淡然的心绪，体味宁静，享受清幽的茶香，放慢生活节奏，感受生活的美好。

刘杏益：端茶与人，手有茶香，今天，我特地带了我亲手制作的“绝版”黑茶，请大家品尝，让茶香和书香完美交融。

谢谢大家！

领读者

曾文彬

领读作品

真希望你也喜欢自己

大家好，我叫曾文彬，是一名环卫工。

今天我想给大家推荐的书是房琪的《真希望你也喜欢自己》。最开始喜欢这本书，是因为这本书的书名。像我们环卫工人，有时候很多人都是避开的，但是我就想着不管别人喜不喜欢我，我自己要喜欢我自己，然后学习那些好的东西，把自己变得更好，以后能够走到那些优秀的人中去。

我干环卫已经18年了，做环卫工工作任务重、劳动强度大，还不是最辛苦的，最苦的是每天的工作环境。夏天气温高，垃圾桶的味道难闻；冬天气温低，冲洗的水枪会把手冻麻，刷子都握不住。高压水枪冲洗的时候，会溅起很多脏水，这些脏水经常混着泥水和汗水，就流到我们的环卫服、套靴还有手套里了，一天下来，我们经常从外湿到内。时间长了，双手双脚都泡得肿胀，沤得发白，所以我们环卫工都有风湿、腰肌劳损的毛病。我在清洗组这几年，清洗队队员换了好几拨，就剩下我没换过了。我说“一定要把垃圾桶当成自己的饭碗洗”，有时候街上群众看我们干得这么卖力，还来劝我们说：“洗得再干净，一会儿又有人扔垃圾，就又脏了。”但是我觉得只要一直坚持，垃圾桶干净的时间也会越来越长。

在我们益阳有2000多名环卫工，平时除了上班干活，看书学习的时候很少，大家也总认为我们环卫工素质不高，我就想工作之余，用一点点精力去学习，提高自己的同时，也把这些书里的知识和思想，分享给更多的环卫工同事，我们一起进步与提高。今天，我在这里把书里我最喜欢的两段分享给大家：

你不需要成为任何人，喜欢自己的瞬间最好看。真正的喜欢应该是通过在工作中、比赛中，毫无顾忌地把自己丢出去做验证所得到的结论，进而发现自己在某个方面具备天赋或者能力。每多一项验证的成功，就会多给自己增加一个信心点。

人生的选择没有对错与优劣之分，人生的方向也不是只有一套标准答案，找到自己的主场，不去别人的赛道上奔跑。平凡不是平庸，也并不意味着我们会放弃努力、向上、奋斗和奔跑，而是让自己活得更加脚踏实地，不再惧怕和焦虑，学会和自己的渴望、不甘、不足相处，并学会给自己足够的温暖和善意，敢于接纳平凡才是真正的勇敢。

是的，环卫工这份工作又脏又累，赚钱也不是很多，但是我热爱这份工作，因为我们，才有了这个城市的整洁与美丽。我们需要的也不多，就是呼吁大家不乱扔垃圾，这是对我们所有环卫工最好的尊重！

谢谢大家！

领读者

杨爱元

徐英

邓琳林

领读作品

清溪叙

邓琳林：今天我们要分享的是我爷爷自己为清溪村专门写的一首诗，《清溪叙》。

杨爱元：写这首诗就是想展现我们村现在的变化。我们村“山乡巨变”，我这个清溪村人最有发言权。以前，我们这里有句顺口溜：“毛竹子墙，毛草子顶，大风一刮不见影。衣无领，裤无裆，一日三餐喝米汤，小字摸摸黑，大字不认得。”说的是我们这里的生活很差，人们大字都不认识几个，更别说看书了。现在的清溪村，大家也看到了，柏油马路能到各家各户，城市里面是十步一景，我们村是一步一景，成了远近闻名的文学村，大作家的书屋就在家门口。

徐英：作为清溪文旅的一名讲解员，这两年，每天都能接待不少游客，给大家讲周立波和我太爷爷的“盖满嗲”的故事，讲述我们清溪村的“山乡巨变”，希望通过我们每个人一点一点的努力，让清溪村越变越好，越变越美，也让更多人来我们清溪村，感受这里的“文学气息”。

邓琳林：下面，由我们一起为大家带来这首《清溪叙》。

邓琳林：清溪村里小林丘，杜鹃映山红。
嗡蜜窸窸，布谷声声。
时有晴空聚祥云，
溪水入资江，无浊水，鱼虾游。

杨爱元：绮罗漫步长廊道，向往书香楼。
夕阳收，荷塘月色。
艾鹅写人字，村姑驾观台。
轻歌曼舞释情怀。
华灯明，照晚清。
荷花栈道相媚好，谁家白发翁媪。

凭栏处，溪边顽童剥莲蓬。

邓琳林：露华寒，雪白茶花送晚秋。

抱子怀胎，知晓丰年。

黄牛碾黑籽，

惊天和声，应是青皮不等闲。

红木飞，油瓢翻。

徐　英：身闲顿开才心丹，

金玉堂，紫砂壶里黑毛茶。

盼新年，待蛙声。

水暖三分又谁知，

鼓吹稻虾田。

邓琳林：吟喜雨，春又回。杏李桃梨隐红霏，暗香飞。

洗泥脂，圆梦娇乡。还是夜深宜，

香飘回廊花影斜。

杨爱元：开书扉，卷珠帘。

青山那面有人家。

徐　英：茶花枝，土地庙。

邓琳林：山乡巨变又东风。红桃花色，文坛泰斗。

杨爱元：秋水醉了高粱红。

合：孟夏月，文学周。

清溪书屋人尽醉，

立波故里带花归。

阅享世界 智造未来

——走进长沙智能制造

点评嘉宾：何清华　李江涛　纪红建

领读嘉宾：纪红建

领读作品：《中国北斗》等

SCANIA

山河智能由中南大学何清华教授于 1999 年领衔创办，依靠革命性创新产品——液压静力压桩机起步，依靠产学研一体化、先导式创新、差异化竞争，实现跨越式发展，公司于 2006 年上市（股票代码 002097），在国内外具有一定影响力。

公司战略定位于“一点三线”、“一体两翼”，聚焦装备制造业，在工程装备、特种装备、航空装备三大领域全面发展。公司现为国内地下工程装备龙头企业之一、全球工程机械制造商 50 强、全球支线飞机改装租赁企业 3 强。

公司现有专利 2000 余项，获得国家科技进步奖二等奖、国家发明奖等省部级以上奖励数十项。公司被授予“国家认定企业技术中心”“国家技术创新示范企业”等荣誉。2020 年，习近平总书记来到山河智能考察调研，指出“自主创新是企业的生命，是企业爬坡过坎、发展壮大的根本。关键核心技术必须牢牢掌握在自己手里。要坚定不移把制造业和实体经济做强做优做大。”

山河智能工会成立于2001年，坚持“工会组建全覆盖、工会声音全领域、工会身影全方位”的理念，现有13个分工会，3000余名会员，职工入会率达100%。工会坚持推进“五大工程”——组织建设工程、素质建设工程、文化建设工程、暖心建设工程、家园建设工程，获得全国五一劳动奖状、全国模范职工之家、全国工人先锋号、全国工会职工书屋示范点等荣誉。大力推进“产改”工作，现有全国劳模及全国五一劳动奖章获得者1人、省级劳模3人、湖湘工匠2人。

领读嘉宾

纪红建

领读作品

中国北斗

尊敬的各位默默耕耘在先进制造业一线的大国工匠们，我来到这里，非常感动也非常荣幸。为什么呢？因为从2021年开始，我的脚步从乡村走向了工业，走向了城市。我采访和创作《大国制造》这部报告文学，借助了一大批默默耕耘在制造业一线的大国工匠们、劳模们、科学家们的力量，他们的精神让我深深地感动。首先我要向在座的各位大国工匠们致敬。这几天我一直在琢磨，到底该推荐一本什么样的书，我想我们面对的是大国工匠，他们身上无不体现着科学家精神、企业家精神、改革开放精神、劳模精神、工匠精神、创新精神等昂扬向上的时代精神。没有这些精神就没有我们国家的繁荣富强、飞速发展。于是，我想来想去决定推荐龚胜辉老师的报告文学《中国北斗》。这是一部真实生动地讲述北斗开发的鲜活故事的作品。这部作品荣获中宣部第十六届精神文明建设“五个一工程”奖，第八届鲁迅文学奖，还被评为2021年中国好书。大家可能关注到2020年7月30日，北斗三号全球卫星导航系统正式建成开通。它的建成开通是国之大事、喜事，很多人笑着笑着就哭了。为什么？这是一代又一代的科学家们孜孜不倦的追求，从青丝到白发，这是“国之大者”。特别是在建设北斗系统过程中孕育出来的“自主创新、开放融合、万众一心、追求卓越”的新时代北斗精神已成为“两弹一星”精神、载人航天精神的血脉，不断激励着一代又一代的科研人员奋进。可见，中国北斗承载了丰富的、多彩的精神价值。我向大家推荐这本书有三个理由。第一个理由：它是一部让我们为之自豪的、自主创新的作品，这是中国科学家以自己的心血、汗水和聪明智慧开创的中国人自己的北斗之路，这条北斗之路上光明璀璨、群星闪耀，折射出伟大时代的光彩。正是不断开拓创新的北斗人，创造了“自主创新、开放融合、万众一心、追求卓越”的新时代北斗精神。第二个理由：这是一部感人肺腑的，体现老中青三代科学家爱国情怀、责任担当、精神传承、牺牲奉献精神的作品。比如北斗立项时挂帅出征，为中国卫星导航事业呕心沥血，直至 85 岁高龄才退休的“总设计师”，老一辈科学家孙家栋。他的故事让我们感动、让时代感动、让民族感动。第三个理由：这部作品为这些普通而伟大的科学家立传，并通过这些中国科学家的故事，向全国和世界传递自尊自信，自立自强的中国精神。中国的北斗、世界的北斗，正是中国精神的集中代表。正是新时代中国人民朝气蓬勃、意气风发、砥砺前行的有力象征。我们知道工业题材的文学作品一般不太好写，写出来有可能比较硬，不是那么柔和，这是题材决定的。但我从龚胜辉老师的《中国北斗》里面挑了一段比较柔的，跟大家分享。

就在这时，他们发现前方发射试验队宿舍门前的操场上燃起了一堆篝火，试验队的队员们正围着火堆起舞庆贺，有人还唱起了汪峰的《飞得更高》。歌声时而像一缕轻风，抚摸着草丛，摇曳着树梢；时而似一阵狂风，卷起千重巨浪，狂野地拍打着海岸；时而又似一个冲锋的战士，发出阵阵怒吼……试验队里的年轻人被歌声感染了，跟着他一起唱，于是一个人的清唱变成了众人的合唱，就像千条江河汇入大海，掀起滚滚波涛，歌声在发射场区的崇山峻岭间回荡……北斗人之所以喜欢《飞得更高》，那是因为“我要飞得更高”，唱出了北斗人共同的心声；“翅膀卷起风暴”，唱出了北斗人的磅礴气概；“我要的一种生命更灿烂”“我要的一片天空更蔚蓝”，唱出了北斗人心底的愿望！

谢谢各位大国工匠！

领读者

凡知秀

领读作品

何清华潜心机械五十年

领读者

大家好，我叫凡知秀，是一名机械工程师，2005年加入山河智能，至今已经近20年了。我是伴随着山河智能旋挖钻机的研发创新一起成长起来的。还记得刚进公司，我负责SWDM-16旋挖钻机的下车设计，没想到却闯了大祸。由于缺乏设计经验，导致机器行走时履带板产生严重异响，当时这台设备还要参加一个重要的国际工程机械展，我非常忐忑和沮丧。好在，这个设计缺陷在同事的指导下，得到了弥补。这个事情之后，我才明白，搞机械设计，远远不只是画画图，写写方案，做做试验。生产车间、施工工地，才应该是我们的主战场。何清华老师经常说："劳心尚需劳力。"说的是，从事研发工作，不光要动脑，还要动手。关起门来搞不出创新，待在试验场里也做不出好的产品。何老师现在虽然已经77岁了，但是，他的身影依然活跃在全国乃至全球各地。去年，我们接到全球超级旋挖钻机的开发任务，这个项目不仅要打全球最大直径的桩，更需要在海里施工，钻100多米深。为了尽快解决研发难题，何老师亲自画图，并亲临现场指导，还多次参与方案评审，最终我们用了将近一年的时间圆满完成样机的研发和试制，目前已成功应用于甬舟铁路西堠门公铁两用大桥项目建设，创造了旋挖钻机成孔成桩6.3米直径的世界纪录！今天我要分享的书是《何清华潜心机械五十年》，希望我也能像何老师一样，潜心机械事业，专心致志，孜孜不倦，用一生干好一件事。接下来，我和大家分享书中关于"劳心尚需劳力"的选段，与大家共勉！

劳心尚需劳力。从事研发工作不光要动脑，还要动手。何清华在对创立公司前三十多年的经历回顾总结中得到一个结论，就是自己能比一般人做得好一点与喜欢并善于动手是很有关系的。只有你亲自动手，才可能知道你所研发出来的产品好不好。守在计算机前做设计是做不出好产品的。要真正把产品变成实用的、高效的、节能的，需要投入大量的精力，要自己动手，经历亲力亲为的过程。此外，经常动手对自己的身体大有好处。

我的分享就到这里，谢谢大家！

嘉宾点评　山河智能装备股份有限公司创始人、首席专家　何清华：

我们工程界有一批这样优秀的“女将”，虽然不善言辞，但是特别善于战斗，善于创新，谢谢！

领读者

范磊

领读作品

大国制造

大家好，我叫范磊，已经在山河智能工作 13 年，一直从事挖掘机的一线装配工作。2020 年 9 月 17 日，是一个让我一生铭记的日子，那天，习近平总书记来山河智能考察，重点参观了车间里的这条中挖生产线，我正好在这个车间进行装配作业。习近平总书记说，你们企业从无到有、从小到大，很多产品走在了前列，你们的创新精神给我留下了深刻印象。说实话，这些话给了我们所有人莫大的鼓舞，也让我们对自己提出了更高的要求。这两年，我们装配工的提案积极性特别高，2023 年上半年，我们车间就提交了 131 条创新改善提案。我的一个提案在一次装配过程中被采用，为公司节省了近百万元成本。目前公司一线工人的创新改善提案已经过万条，帮公司节约成本近千万元。我们产业工人是让图纸变实物的“把关人”，我们的小提案、小创新，也能提升挖掘机的质量和性能，降低制造成本，保证产品口碑。今天我想分享的是这本讲述我们制造业的报告文学《大国制造》中关于“大国工匠”艾爱国的选段。

“风口焊接一直是我们感到头痛的问题，目前还没有什么好的方法，我们湘钢能不能焊成啊？”项目负责人说。虽然艾爱国有焊铜的经验，但他并没有提出完整的焊接工艺。他没有再说什么，而是回到家默默地行动起来。他翻阅了公司和家里所有焊铜的资料，结合自己多年焊铜的经验，大胆提出了当时在国内还没有普及的“手工氩弧焊接法”的设想，并草拟了一套焊接工艺报告。艾爱国的设想与草拟的焊接工艺报告让项目负责人和专家们惊讶。领导当场拍板，把焊接这个活儿接过来。1984 年 3 月 23 日，艾爱国和团队成员再次挑战。工艺流程烂熟于胸，焊接技术驾轻就熟，并且做到了知己知彼。他们的焊接非常顺利。一个、两个、三个……他们连续顺利焊接了 20 个风口。经 X 射线检查，全部符合国家技术标准。此时的他脸上有汗水，也有泪水……

艾爱国老师是一线工人，他这辈子只做过班长，他就是勇于提案，敢于突破，把生产线的工作做到了极致，最后用他的一句话勉励我们所有蓝领兄弟们：当工人，就要当一个好工人！山河智能的所有人，也将不负习近平总书记的嘱托，继续秉持“先导式创新”精神，做装备制造领域世界价值的创造者，让“中国智造”的魅力走向全球！

谢谢大家！

嘉宾点评　山河智能装备股份有限公司创始人、首席专家　何清华：

山河智能成立以来，挖掘机从 2011 年开始，能够走向世界，能够成为民族品牌的先导者，正是因为有这样的工人，孜孜不倦地把每一件细小的工作做好。

领读者

黄红兵

黄红军

领读作品

平凡的世界

黄红兵：大家好，我是黄红兵，这是我的双胞胎哥哥。

黄红军：大家好，我是黄红军，其实和弟弟相比，我不太善于言辞，今天是特地陪弟弟一起来参加《领读者》。

黄红兵：我和哥哥出生在湖南耒阳的一个山村，小时候，全家的开销全靠父亲挖煤所得支撑，后来父亲生病，妈妈在制衣厂打工挣钱，我和哥哥就帮家里干农活，耕田、插秧、收稻子。为了挣学费，我们一天步行 20 多公里到集市上卖豆腐。那时候大山就是我的家，但我一直有个梦想，那就是要靠自己的努力走出去，让父母过上更好的生活。

黄红军：学习电焊是我和弟弟人生中的一次转机。2015 年，我和弟弟一起上了技能学校学焊接技术，为了减轻父母的压力，我和他一到周末和寒暑假，就去挣生活费，卖矿泉水、棉花糖……靠着自己勤工俭学，我俩才顺利完成了学业。

黄红兵：很早我就明白，学好一项技能有多么重要。别人放假时，我一天也不敢休息，高温炙烤的实训工厂里，刺鼻的粉尘中、强烈的弧光下，我潜心练习焊接技术，经常一蹲就是 10 多个小时，回到寝室全身都疼，但是我从未想过放弃。

黄红军：很幸运，我和弟弟毕业后同时进入了中联这样的好企业。作为哥哥，我也看到了弟弟的刻苦和努力。在小臂班组里，他总是最早一个来，最晚一个走，长期的训练，练就了过硬的本领。2018 年，18 岁的他参加焊接行业世界级技能比赛“嘉克杯”，获得了三等奖。20 岁，他荣获长沙市高新区劳模。这既是对他的肯定，也是对我的鞭策。

黄红兵：这些年，我们一家人的生活越来越好，也越来越有奔头，我们为家里盖了新楼房，父母生活也更有保障了，我和哥哥也打算组建自己的小家庭。当然，在锤炼焊接技艺的这条路上，我还会继续奔跑，我想依靠自己的努力，成为全国技术能手，成为像艾爱国、易冉那样的焊接大师、大国工匠。今天，我想向大家分享这本《平凡的世界》，这本书我看了很多遍，看一次流一次泪，因为孙少平、孙少安兄弟俩的很多经历，非常像我和哥哥。下面，我和哥哥一起为大家诵读其中的一段。

黄红兵：当然，他们如此挣命，是因为生活突然充满了巨大的希望。有了希望，人就会产生激情，并可以义无反顾地为之而付出代价。在这样的过程中，才能真正体会到人生的意义。什么是人生？人生就是永不休止的奋斗！只有选定了目标并在奋斗中感到自己的努力没有虚掷，这样的生活才是充实的，精神也会永远年轻！

黄红军：眼下，农民孙少安尽管不会这样表达他的思想，但所有这一切他都实实在在感受到了。在农村这个天地里，他原来就不是平庸之辈；只不过在往日那漫长的年月里，他想做的事情不能做，不想做的事情却又非做不可。

黄红兵：在书里，孙少安不得不担负起家庭的重担，却没有丝毫抱怨；孙少平闯荡城市，又苦又累却不屈不挠。我想，我们都应该看看这本书，像少安一样勤奋坚忍，像少平一样胸怀远大。我希望更多的“后浪”、年轻人能投入到制造业当中，推动我们的国家从制造大国走向制造强国！

合：这一棒，我们“00后”已经接住了！

嘉宾点评　作家《大国制造》作者　纪红建：

作为两位“00后”的工匠，你们非常阳光向上，不管面临着多大的困难，你们都会积极勇敢地去面对，你们兄弟俩都是一样的。

领读者

刘文瀚

领读作品

老人与海

大家好！我叫刘文瀚，来自山河智能国际发展中心。听说我在国外工作，不少人还挺羡慕，在他们眼中，我不仅可以全世界飞来飞去，还可以公款旅游，别提多惬意。其实，不骗大家，我之前也是这么想的，不过想象很美好，现实很骨感。2022 年，菲律宾有一台旋挖钻机，前前后后修了一年六个月，后来终于找出了故障原因，当时可把我高兴坏了，没想到乐极生悲，一回头给撞到了设备上，挂了彩，鲜血直流，当地也没有医院，只能随便包扎了一下，就留下了头上的这道疤。我常常自我调侃，这也算是我作为海外售后人的一枚“军功章”吧。有时候，我们还会遇到危险。我的一个同事李桂文，有次出差要坐船，就遇到了风暴，船都被吹翻了，维修工具都沉入了海底，他说侥幸才捡回来了一条命。海外工作的苦和累，这些都还不算什么。远离他乡，没时间陪伴孩子成长，没办法照顾家庭，这才是我们每个驻外人员内心的痛。2020 年，我滞留马尼拉，那是最长的一次出差，有 665 天。有一次在马尼拉一个红绿灯路口，一位 60 来岁的大妈向我鞠了一个 90 度的躬，可能是希望我能给她一点钱，等她起身的那一刻，我看见她双眼通红，泛着泪光，满脸憔悴，那个时候，我想起了我的妈妈，她才做完大腿手术正在家休养，可身为儿子，我却没办法回去陪伴。

今天，我要分享的是这本《老人与海》中的选段：

他是个独自在湾流中一条平底小帆船上钓鱼的老人，这一回已去了八十四天，没逮上一条鱼。头四十天里，有个男孩跟他在一起。可是过了四十天还没捉到一条鱼，男孩的父母对他说，老人如今准是终于“倒了血霉”，这就是说，倒霉到了极点，于是男孩听从了他们的吩咐，上了另外一条船，头一个礼拜就捕到了三条好鱼。男孩看见老人每天回来时船总是空的，感到很难受，他总是走下岸去，帮老人拿卷起的钓索，或者鱼钩和鱼叉，还有收卷在桅杆上的帆。帆上用面粉袋片打了些补丁，收拢后看来像是一面标志着永远失败的旗子。老人消瘦憔悴，脖颈上有些很深的皱纹。腮帮上有些褐斑，那是太阳在热带海面上的反光所造成的良性皮肤病变。褐斑从他脸的两侧一直蔓延下去，他的双手常用绳索拉大鱼，留下了勒得很深的伤疤。但是这些伤疤中没有一块是新的。它们像无鱼可打的沙漠中被侵蚀的地方一般古老。他身上的一切都显得古老，除了那双眼睛，它们像海水一般蓝，显得喜洋洋而不服输。

是的，一个人可以被毁灭，但不能被打败。我们来到这个世界，90% 的时间都要面对各种挑战，我们必须去适应，勇敢地面对，我想这就是时代赋予我们工程机械人的使命！随着我们“中国智造”扬帆出海，像我这样常年在海外的工程机械人还有很多，为中国工程机械设备保驾护航，我们一直在路上。

谢谢大家！

领读者

毛钰丰

领读作品

行路难

大家好，我是毛钰丰，在这个夏天，相信应该有不少人都看过一部电影——《长安三万里》。电影里李白和数十位唐朝“顶流”诗人悉数登场，为我们呈现了48首惊艳的古典诗词。今天，我想要分享的就是其中的一首，李白的《行路难》。我很喜欢这首诗，上初中的时候，有位老师就问了我们一个问题，她问我们将来有什么梦想？我当时站起来回答说，我以后要当一个诗人，同学们哄堂大笑，但我却一直在努力。为此，当时我就疯狂地写了好几摞笔记本的诗歌，高中毕业后，我进入了一所大专学习，“诗人梦”也依然没有放弃。在校期间，我继续坚持写作，甚至是到网站上去发表，遗憾的是，我还是失败了，那些文稿纷纷石沉大海。毕业后我来到了山河，成为一名车间工人，工作之余我总是提起笔想写些什么，我想那是梦想，是李白的那句“长风破浪会有时，直挂云帆济沧海”在耳边萦绕。我知道，古诗词依然吸引着我。春天，我们一起看“好雨知时节，当春乃发生”；夏天，我们一起听“稻花香里说丰年”；秋天我们一起吟“停车坐爱枫林晚，霜叶红于二月花”；冬天，我们一起盼“不经一番寒彻骨，怎得梅花扑鼻香”。生活中的柴米油盐，其实浸透着星辰大海，锅碗瓢盆盛满了诗和远方。现在的我，工作之余，学着做起了视频解说账号，每天下班，我都会抓紧时间写稿配音，然后定时更新。对文字的热爱，终于有了可以与人分享的机会，也让更多的人认识了我。网上不少人都非常喜欢我的解说，这也给了我很大的动力，可能刚好应了那么一句话，“人终究会被其年少不可得之物困扰一生，又终会因一物一事而解终生之惑。”这也是我站在这里的原因。人总得对自己的未来有所期盼，而我所做的，其实就只是把年少的梦重新捡起来而已。今天，我也特地邀请了我们山河智能暑托班的两位小朋友，和我一起来诵读这首李白的《行路难》:

金樽清酒斗十千，玉盘珍羞直万钱。
停杯投箸不能食，拔剑四顾心茫然。
欲渡黄河冰塞川，将登太行雪满山。
闲来垂钓碧溪上，忽复乘舟梦日边。
行路难！行路难！
多歧路，今安在？
长风破浪会有时，直挂云帆济沧海。

领读者

潘梓娇

伍俊岚

领读作品

未来简史

伍俊岚：大家好，我是伍俊岚。

潘梓娇：大家好，我是潘梓娇。

伍俊岚：我是一名智能制造研发工程师。入职之前，我在学校研究机器人视觉抓取。从学校实验室走进工厂、车间，经常和工人师傅们打交道，看到这么炎热的夏天，电焊工的工作环境跟工厂大不相同，那时，完全没意识到，我所做的事情其实特别有意义。到中联后，工人焊接时，甚至连电风扇都不敢打开，因为只要有一点风，都会导致焊接口起气孔。平时，也经常听到，一些工人师傅因为强光、粉尘等引发职业病。我们的工作，就是要通过技术创新，让机器人成为工人的助手，让工人们远离一些比较艰苦的作业环境，远离繁重的体力劳动，让他们夏天也可以坐在有空调的房间里，指挥机器人工作。

潘梓娇：作为一名智能调度算法工程师，就是要通过算法，让机械设备在工地自主施工。塔吊司机不需要再爬上 40 米的驾驶室，调度人员不再需要每天几十个电话不停地发号施令，混乱的施工场地可以空无一人，调度人员坐在调度室，通过电脑操作就可以完成项目的全流程施工。这样的技术研究，大大提高了设备与人员的安全，克服了传统工地施工进度慢、效率低的弊端。当然，智能技术的发展也给人类带来了一定的担忧，比如：机器人是否会代替人类？我们到底应该以怎样的态度来迎接“智能化”时代的到来？接下来我和岚岚分享的《未来简史》中的这段话，或许能够给您答案！

潘梓娇：过去有许多事情只有人类才能做得到，但现在机器人与计算机正迎头赶上，可能很快就会在多数的任务上超越人类。确实，计算机的运作方式与人类的行为方式非常不同，而且看来短期内计算机也不会变得更像人类，特别是应该不会获得意识或是具备情感和知觉。举例来说，如果是有血肉之躯的出租车司机，个人有意识的体验绝对比毫无感觉的自动驾驶汽车丰富。出租车司机可以一边在繁忙的街道上开车，一边享受音乐。他抬头望见星空，思考着宇宙的奥秘，内心因敬畏豁然开朗。而看到自己的小宝宝跨出第一步，他的眼睛也可能充满喜悦的泪水。只不过，这一切都不是社会系统需要出租车司机具备的特质。社会系统需要的只是把人从 A 点运到 B 点，而且要最快、最安全、成本最低。就这一点而言，自动驾驶汽车很快就能做得比人类司机更好，就算它不能享受音乐，也不会因为存在的奥秘而深感敬畏，又有什么关系呢？

伍俊岚：在现实世界中，让人类生活变得更美好，比创造虚拟世界更有意义。作为科研人员，不仅要追求技术的进步，更要将技术的力量用于改善人类的生活，让智能制造真正成为造福人类的工具，将人类从烦琐和危险的工作中解放出来。

潘梓娇：在这个充满挑战和机遇的时代，让我们保持开放的思维，探索智能制造领域的可能性。

合：让我们共同努力，创造一个智慧且充满人文关怀的未来。

嘉宾点评　山河智能装备股份有限公司创始人、首席专家　何清华：

你们两位，从事智能制造，我讲两点希望。第一，智能制造，就像你们刚才说的，永远还是要以人为主导；第二，我们不能为了智能化而智能化。

领读者

杨烨

领读作品

人生

现场的各位老师，各位观众，大家好。我是杨烨，是中联重科的一名产品开发工程师。今天我想给大家分享的是路遥的《人生》这本书。在分享之前，我想给大家介绍一个人——我的奶奶。她比路遥大两岁。2019 年 10 月，她 72 岁的时候，被查出结肠癌晚期。在手术治疗无果后，医生告诉我们，她余下的人生可能不足一年。后面我发现，陪着奶奶读书，我读她听，能够帮助她暂时忘记病痛，在她人生最后的时光里，我给她读了陈忠实的《白鹿原》、霍达的《穆斯林的葬礼》、莫言的《蛙》……这些描述他们那个年代生活的书。奶奶从最开始的能够坐着听我读两个小时，到一个小时到最后半个小时，我能够感受到，她的生命力在逐渐减弱，她是非常非常想要听我继续读下去的。2021 年 5 月，我开始读路遥的《人生》，奶奶说这是她最喜欢的一本书，因为小说里的场景她很熟悉，听到有的选段，她还会回忆起年轻时的一些经历，会追问我巧珍和加林后来怎么样了。我不知道，这本《人生》成了我人生的一个遗憾。2021 年的 7 月 1 日，也是我正式入职中联的第四天，我接到了奶奶离开的消息，这辈子我再也没有机会为她读完这本《人生》了。今天，在《领读者》这个舞台上，我特别想和大家分享这段，我还没来得及给奶奶读完的《人生》的最后一章：

他走在庄稼地中间的简易公路上，心里涌起了一种从未体验过的难受。他已经多少次从这条路上走来走去。从这条路上走到城市，又从这条路上走回农村。这短短的十华里土路，对他来说，是多么的漫长！这也象征着他已经走过的生活道路——短暂而曲折！

他折了一枝柳树梢，一边走，一边轻轻抽打着路边的杂草，心想：他回到村里后，人们会怎样看他呢？他将怎样再开始在那里生活呢？亲爱的巧珍已经不在了！如果有她在，他也就不会像现在这样难受和痛苦了。她那火一样热烈和水一样温柔的爱，会把他所有的苦恼冲洗掉。可是现在……他忍不住一下子站在路上，痛不欲生地张开嘴，想大声嘶叫，又叫不出声来！他两只手疯狂地揪扯着自己的胸脯，外衣上的纽扣“嘣嘣”地一颗颗飞掉了……

故事的最后，巧珍走了，加林又回到了高家村，只有大马河的水还在哗啦啦地往前流。但这也如同路遥在最后一章的注释一般，“并非结局”。

再读《人生》，我看到一种观点：生命体在世界上都有两次离开，第一次是客观世界的死亡，第二次是熟知的人对其永久的遗忘，历经后者，才是永恒的逝去。

他们会不经意间在某个站台，缓缓走下，转身、告别、离开，再也不见。

现在的我希望保留住这一份对奶奶的记忆：

记住那忙碌的身影、温暖的双手和牵挂的话语；

记住那偌大的嗓门、很咸的饭菜还有嗦不完的米粉；

记住那身上散发的谦和、勤奋以及满满的慈爱。

我的分享就到这里，谢谢大家。

嘉宾点评　中联重科战略管理委员会副主任、工会主席　李江涛：

人生的道路虽然漫长，但紧要处只有几步，特别是当人年轻的时候，人生道路上会有很多的选择，你从学校走向社会，开启你的职业生涯，选择了中联，我觉得你选对了，还会有很多的紧要处需要做出选择，我祝愿你每一个选择都正确，不留任何遗憾。

阅享人生　点亮万家

——走进国网湖南电力

点评嘉宾：阎　真　刘　琼　白田田

领读嘉宾：阎　真

领读作品：《雪山大地》等

忠诚担当 求实创新 追求卓越 奉献光明
领读者

领读者
领读者

国网湖南省电力有限公司成立于1993年10月（前身是湖南省电力工业局），是国家电网有限公司的全资子公司，以建设和运营电网为核心业务，担负着保障湖南省电力可靠供应的重大责任。公司现设19个职能部门，下设14个市（州）供电公司、98个县供电公司，用工总量7.01万人。2017年9月，按照国务院国资委的部署和《中华人民共和国公司法》规定，公司由全民所有制企业改为有限责任公司。

截至2023年底，湖南电网拥有35千伏及以上变电容量2.22亿千伏安、交流线路8.54万公里、直流线路0.38万公里。营业区面积占全省总面积的96%，营业区人口占全省总人口的98%。湖南电网发电设备装机容量6820.14万千瓦，其中：水电装机1766.85万千瓦，占25.91%；火电装机2829.08万千瓦，占41.48%；风电装机972.44万千瓦，占14.26%；太阳能发电装机1251.76万千瓦，占18.35%。新能源总装机2348.91万千瓦，占比34.44%。

2023年，公司完成售电量1899.17亿千瓦时，同比增长3.34%。营业收入1356.82亿元，增长2.76%。综合线损率5.78%，下降0.72个百分点。电网基建投资240.18亿元，投产110千伏及以上线路1985.69公里、变电容量1112万千伏安。湖南电网最高负荷达4165万千瓦。截至2023年底，公司资产总额（含省管产业）1879.16亿元，资产负债率67.44%，优于国网下达目标。

近年来，公司在国家电网公司党组和省委、省政府的坚强领导下，矢志不渝抓改革、促发展，坚持不懈补短板、锻长板，各项事业呈现蓬勃发展态势，确保了国有资产保值增值，确保了全省安全可靠供电，为建设具有中国特色国际领先的能源互联网企业，为全面建设社会主义现代化新湖南作出了积极贡献。

领读嘉宾

阎真

领读作品

如何是好

读书是人生幸福的最大源泉。读书是我们人生进步的阶梯。我今天给大家带来的是我自己的一本书，叫作《如何是好》，是我去年写的一部长篇小说。它写的是一个女孩，叫许晶晶，她进了重点大学，在这个学校，她觉得自己将来的前景会非常美好。但是大学毕业以后，她眼前展开的现实并不是那么轻松。她觉得自己是一个来自偏远山区的普通家庭的女孩。她没有很好的家庭背景，没有惊人的才华，也没有惊艳的颜值，那么她根据什么能够获得自己人生的进步，能够实现自己美好的目标？她有很多目标，希望在自己喜欢的城市，找到一份自己满意的工作，然后找一个男朋友，买一套房子，然后生一个孩子。她这个人生也是我们普通民众自己都希望实现的人生。但是实现这个人生目标是非常不容易的，对她来说甚至可以说是艰难的。她没有放弃，朝着自己选择的方向、努力的方向、摸索出来的方向一点一点地前进。最后也没有获得特别大的成功，就是找到了自己一个比较好的生存空间。我在这里读一段话，是她自己内心的表达。

恨谁都没有用，自己强大才是真的。怎么强大？这戳中了我心中的泪点和痛点。有钱吗？有权吗？有才华吗？那么颜值呢？都没有。一个什么都没有的人心中却充满了怨，这是多么的懦弱。编制、钱、爱情、尊严什么都没有，又什么都想要，这中间的鸿沟，我不知道用什么来填平。唯一的方向就是努力奋斗，不能“躺平”，躺下去就再也爬不起来了。奋斗不一定能够保证自己成功，但是可以给将来的自己一个交代，失败的交代也是交代。

谢谢大家！

领读者

汪凤娇

领读作品

我心归处是敦煌

大家好，我是汪凤娇，来自国网湖南供电服务中心（计量中心），我的工作和大家家里都有的电表相关。我记得，小时候，家里每个月都会有抄表员上门抄表，我家电表装在外墙上面有几米高，抄表员得搭着梯子爬上去才能看清表的读数，还要人工算电费。现在抄表员这个工种基本消失了，大家足不出户也能用手机交电费，还能查询每天用了多少度电。其实，这背后得益于电子和通信技术的发展，让新一代电表更加智能，它不再只是计量电量，还能实现远程通信和数据传输。以前，我们想知道一只电表运行中的计量误差，要么得带着校验仪去现场检测，要么得把表拆下来拿到实验室检测，比较麻烦。虽然一只表这样做问题不大，但湖南全省有 3000 多万只电表，用上面的办法精确掌握整体的情况，可谓天方夜谭。

随着大数据和云计算技术的高速发展，过去天方夜谭的事情也有了实现的可能性。2019 年，我接到任务，要利用新技术探索搭建可以远程计算电表误差的模型。从一开始我就预料到会很难，因为表计现场运行环境复杂，影响因素也很多，但是到底哪些因素会影响计算结果，影响的程度又有多大，没有人知道，要靠一步步的试验和求证。在这个过程中，团队多次遇到瓶颈，有时几个月都没什么进展，有人甚至一度想要放弃。在一次次跌倒又站起后，历时两年，我们做到了，不仅实现了对 3000 多万只电表误差进行远程计算，而且可以每月计算一次。精准掌握电表整体的运行情况后，就可以精准制订更换计划，不但可以大大降低现场换表次数，更能节约人力物力。一只小小的电表背后，一度电的背后，还有带电作业、变电检修、电气试验和调度指挥等不同岗位的同事们在默默奉献。虽然用电越来越方便了，但电力资源依然有限，节约用电仍需贵在日常，重在行动。

今天我要分享的书是《我心归处是敦煌》，这本书很厚重，里面不仅写了樊锦诗的一生，还写了她和团队从各种角度、用各种方法守护敦煌的历程。其中，让我眼前一亮的是他们运用各种先进技术，让敦煌文物图像化、信息化、数字化，让文物保护焕发新生。这也让我联想到了自己的工作，科学技术不断发展，我们也在与时俱进，将新技术运用到自己的工作中。

下面开启我的领读时刻：

传统的壁画临摹，起稿是个难点，既费工又费时。借助壁画数字化技术，依据准确的数字图像打印稿为底稿，可方便美术工作者直接在上面拷贝起稿、上色，较好地解决了过去临摹工作的难点，提高了工作效率，减轻了临摹工作的强度。

2016 年 5 月 1 日，“数字敦煌”第一期平台上线。观众只要轻轻点击鼠标，就可以在世界的任何一个地方登录“数字敦煌”资源库平台。“数字敦煌”。使古老的敦煌文化与现代技术相融相通，使文物从敦煌石窟的洞窟中走出来，活起来，使到不了敦煌的人民大众也能切身感受到远在西北的祖国优秀传统文化的辉煌灿烂。

谢谢大家！

领读者

李孟玲

领读作品

向着光亮那方

大家好，我叫李孟玲，是国网常德太平供电所的一名网格服务员。说实话，能成为电力员工，是我做梦都没想到的事。更没想到的是，我是15年来进所的唯一的女孩子，所里的叔叔伯伯们，都把我当女儿一样看待。

小时候，我是一名留守儿童，爷爷奶奶带着我长大。童年时的记忆是爸爸妈妈渐行渐远的背影。一家8口人，全靠父母在外务工赚钱维持生计，我最大的愿望就是和爸爸妈妈生活在一起。

被父母重视，是在高考之后的假期。当时太平供电所的工作人员通过电话找到我的爸爸妈妈，告诉他们，国网湖南电力的“雨露计划”正在面向我这样的困难家庭招生，可以通过定向招生计划，进入长沙电力职业技术学院，毕业之后回到家乡工作。为了说服我填报志愿，爸爸妈妈凌晨出发从千里之外赶了回来。

后来，我第一次去了爸爸妈妈工作的地方。看到他们住在简陋的出租房里，我内心释然了。原来父母把所有的苦和累都留给了自己，把他们能给的最好的给了我！

毕业后，我顺利地来到了太平供电所这个像家一样的地方工作，获得了奋斗的动力。

今天，我要和大家分享《向着光亮那方》这本书。我的生活，曾经被温暖照亮；未来，我不能辜负照亮我的那束光！我要扎根家乡，永远守护家乡的光明！

下面开启我的领读时刻：

我们都是普通人，没有先天优越的条件，没有养尊处优的环境，我们的每一天，都要靠自己的努力，逐日捱过。

当每一根火柴点燃之后，汇聚成熊熊火光，我们就不会在寒冷中孤独离去，而是照亮温暖整个人生，前路与归途，光明一片。

当一个人需要光亮的时候，他是积极的；当一个人找到光亮的时候，他是无畏的；当一个人追逐光亮的时候，他是可敬的；当一个人给予别人光亮的时候，他是温暖的。

我想知道你，也想知道自己，在通往未来的路途上，是否能点燃那些微光，一直向着光亮的方向前行。

领读者

戴新明

领读作品

钢铁是怎样炼成的

大家好，我是戴新明。在电力行业，“传帮带”是我们的传统，只要你踏进这个大门，一定会有一个师傅手把手地把你领进门，带你一路升级、快速成长，我们一代又一代电力新人，都是在师傅的帮助下，成长为一名能独当一面的成熟电力人。从业 10 年，我也遇见了一个特别好的师傅，他叫张立志，是长沙市劳动模范，一名农村的老供电所所长。可以说我是先闻其名，再听其声，因为他有一个特别响亮的名号——“张立杆子”。为什么这么叫呢？因为他到哪个供电所，哪个所就会成为先进供电所，加上他本身又瘦又高，这不就跟“标杆”一样吗？

第一次见到师傅，是在辖区的高损台区现场，当时那里的线损达到了 30%。看到他一连几天逐户排查、亲力亲为、干劲儿十足的工作现场，深深地感染到了初出茅庐的我。当下，我就下定决心，一定要拜他为师。师傅给我上的第一堂课，是教给了我三个词：情怀、热爱、执着。情怀是说要始终葆有对农电事业的情怀，热爱是要很热爱这份事业，执着是告诉我无论面对什么样的事情，都应该有执着的精神。这三个词，可以说刻进了我的脑海里。师傅确实是有师傅的样子，50 多岁的年纪，还主动带头报名参加技能考核，带领我们一起重新学习数学函数，和我们一起讨论，三角函数应该怎样去画图，怎样去推导，怎样去学习。到了周末，又带着我们满长沙找训练场地一起练习，找各种各样的老师辅导我们。我感觉他的那股子干劲儿，怎么也使不完，一如我当初见到他时的那样。

今天，我想分享的是师傅送我的这本《钢铁是怎样炼成的》，书中的名选段是保尔在革命过程中多次死里逃生后的人生感悟，也是我师傅的座右铭，更是我迷茫时的力量源泉。

下面开启我的领读时刻：

人最宝贵的是生命。生命每个人只有一次。人的一生应当这样度过：当回首往事的时候，他不会因为虚度年华而悔恨，也不会因为卑鄙庸俗而羞愧；在临终的时候，他能够说："我把整个生命和全部精力都献给了世界上最壮丽的事业——为人类的解放而斗争。"

多年后，我回到了曾经奋斗过的地方，村民们还是能叫出我的名字"小戴师傅"。择一业，终一生，我想这就是我对这份将要为之奋斗一生的事业坚守的动力和意义！

领读者

胡海宁

领读作品

哈佛凌晨四点半

大家好！我是胡海宁，来自国网长沙供电公司，是电力生产一线的电气工程师，也是两个孩子的妈妈。

今天我想和大家分享的是这本《哈佛凌晨四点半》，书中描写了哈佛的凌晨四点半，图书馆里灯火通明、座无虚席的场景。虽然我没有见过哈佛的凌晨四点半，但我经历过变电抢修现场的很多个凌晨四点半。

印象最深的一次凌晨的抢修，那天雷电交加，我一边与家人吃饭一边心里忐忑不安，生怕雷击影响到我们的电力设备。怕什么来什么，抢修的电话来了。我扒拉了几口饭准备离开，当时只有 3 岁的女儿跑过来抱着我，说什么也不让我走。她问我："为什么别人家里停电，我的妈妈要去抢修？"我只能和她说："这是妈妈的工作呀，只有妈妈去抢修，别的小朋友家里才会来电，才不会害怕呀。"那一天，我和同事们通宵抢修。凌晨四点半，现场灯火通明，大家一起努力隔离故障设备，转供负荷，直到清晨恢复供电。

电力一线的女同志不多，无论是计划性检修还是临时抢修，我从来都是随叫随到。女儿出生后，我休完产假就迅速投入了工作。当时，我是电气试验班班组长，一个 25 人的班组事无巨细全要安排妥当，压力之大可想而知。200 多座变电站，一年 365 天，我们不是去往变电站的途中，就是在变电站里工作。站内的工作很繁杂，很多时候需要携带 10 多台笨重的仪器设备，花一整天的时间才能完成，回到办公室后只能瘫坐在座位上休息一会儿，还要继续分析数据、编写报告、整理仪器。时间不够，加班来凑！偶尔陪女儿睡觉，只能把手机调整成振动模式枕在枕头下，生怕错过一通电话。有一次她还没有睡着，我临时接到抢修电话，回来后，女儿已经抱着她的娃娃睡着了，脸上还挂着泪痕。

现在女儿慢慢长大，对于我的工作也有了自己的理解。前不久，公司组织职工子女参观变电站，她第一次走进我工作的地方。变电站里，震耳的电流声，闷热的工作环境，身着长衣长裤、头戴安全帽的她，10分钟就汗流浃背。她惊讶地问我，妈妈，这就是你工作的地方吗？我点点头。之后，每次听到我去变电站，她都会说一声，妈妈注意安全！

下面开始我的领读时刻：

纵观学习与工作中的强者，他们通常都对自己所做事情满怀着热忱，并且善于思考、积极乐观。因此无论是在学习还是工作中，我们都应该具备热忱的心态。热爱自己所学习的课程，热爱自己所从事的工作，才能取得不凡的成就，获得更多的快乐。一个对生活、工作充满热忱的人，通常拥有乐观而积极的心态，做起事来有干劲儿，精力充沛，目标明确，能坚持自己的使命，承担自己的责任，并为之竭尽全力。

谢谢大家！

嘉宾点评　新华社湖南分社融合报道中心主任　白田田：

我采访过很多电力工人，知道你们的工作基本上是在夜深人静时，冰天雪地里，还有人迹罕至处开展的，非常不容易。你们为的是兑现一句承诺：不停电就是最好的服务。你们确实用自己的汗水指数换来了群众的幸福指数。

领读者

王柯

领读作品

不会管理如何当好班组长

大家好！我是国网邵阳变电检修公司检修一班班长王柯。今年我 50 岁，干了 33 年，当班组长 21 年了。说实话，这么多年一直干一件事，很多人都熬不下来，尤其我这个年纪的一线班组长，一般都很少出现场。但是不管是零点抢修，还是重难点的现场，我都一定会冲到一线，我喜欢那种冲锋陷阵、一线奋战的感觉，也很享受那种努力抢修之后，灯火通明的激动时刻。

我今天要分享的这本《不会管理如何当好班组长》，一直是我的枕边书，它教会了我从会干活到善管理，也让我从带徒弟到会带徒弟，现在自己带出了一套行之有效的方法。

我带徒弟，首先就是和徒弟做朋友，充分了解他们。比如每天早会，我一般不会说话，先观察他们，我会根据他们的状态安排工作，情绪不好的，暂时不安排他们特别紧急的工作，或者我带着他们一起去检修，边工作边开导。干我们电力这行，工作状态不好，现场分了神，很可能引发现场事故，保障安全永远是摆在第一位的。

我会根据他们每个人的情况，因材施教。善于沟通的，我就把外面的项目交给他管；不爱讲话爱钻研的，我就让他主导科研项目；还有些比较懒的，我就天天盯着他干活，在我看来他们每一个人，都像一块海绵，不多挤一挤，哪能出水？

我管人，出了名的严格，我经常说，不好好干，就每天“洗个脸”，有些男徒弟都被我教训哭过。我觉得班组长一定要敢管人，要不然我一个没什么学历的老班长，怎么管好如今这些学历好、学问高的高才生们？

当然，我带徒弟也带出了一点成绩。2023 年 1 月，春节保电最紧张的时候，有一台主变的有载分接开关出现重大故障，厂家反馈维修需要停电一个月，费用高达十多万元，我和徒弟们一起想办法，连夜制作新的拐臂，最后只用950块钱就成功解决了故障，保证了按时送电。

现在的孩子们，有个性、有棱角。作为班组长，要综合把握每个人的性格和特长，给他们提供施展才华的机会，帮助这些“电力新人”们走向更好的平台、更需要的地方。

下面开启我的领读时刻：

优秀的班组长是企业管理的基石。要当好班组长首先就要做好班组管理。“火车跑得快，全靠车头带”。班组长的角色说大不大，可是要当好班组长还真不容易。班组长作为兵头将尾，是承上启下的“桥梁”，其管理水平的好坏、履责能力的强弱、执行能力的高低，将直接影响整个班组的安全生产和建设。

嘉宾点评　湖南省电力有限公司工会副主席、女工主任　刘琼：

希望您做好“传帮带”，让我们的电力事业更加光明！

领读者

伍哲南

领读作品

说给你听

大家好，我叫伍哲南，是国网永州供电公司的一名电力调度员。

今天我要分享的书是《说给你听》。这本书从女性的视角讲述了我们的工作和生活，而今天我也想利用这个机会，把一些心里话，说给我的妈妈听。我的妈妈退休前也是一名电力工人，她在基层一线岗位干了整整 30 年，曾被评为国网五级工匠，还拿过很多荣誉奖项，也正是受到了她的影响，毕业之后，我毅然地选择了电力事业。

从小到大，大家都说我妈很厉害，我却没什么感觉，只知道她很忙，忙到一天要接打几十甚至上百个电话。我在高考前的 100 天，心理压力很大，希望她能多陪陪我，但是由于她工作繁忙，直到高考，我只见到她两面。高考前一天，她打电话和我说："你高考的这 3 天，妈没办法送你上考场，但是我会一直陪着你，我就在你考场旁边的变电站里，为你、为所有考生的高考电力保驾护航。"我其实有些失落，但是当我看到考场路上亮起井然有序的红绿灯，当我听到音响里传出的英语听力，我突然明白了妈妈工作的意义，其实她就在我的身边，正在通过她自己的方式，为我加油！

就在前几天，她退休了，退休当天晚上，她还一直坚守在抢修现场，为了站好最后一班岗，直到半夜 1 点问题解决，才下班回家。她回家时，我特地站在门口迎接，并且给了她一个大大的拥抱。她长吁了一口气，说："我终于可以好好休息了。"这句话一下子击中了我，我突然意识到，这些年来，她是我的妈妈，也是这个城市千家万户光明的守护者。我也感受到了自己身上沉重的责任，理解了她 30 年如一日的坚守。于是我也暗自下定决心，要把他们这代老电力人奉献、坚守、执着的精神延续下去，成为那束光，照亮自己，也照亮世界。

下面开启我的领读时刻：

我们原本就是幸福的。打一出生，我们就有了做好自己这个岗位的天性，通过劳动创造幸福。我们脚踏和平安宁的国土，大力弘扬“执着专注、精益求精、一丝不苟、追求卓越”的工匠精神，可以选择，可以努力，可以好好书写自己任何一个岗位的精彩！

一个人最大的人格魅力，是努力活成一束光，照亮别人，也温暖自己。格局决定高度，内涵彰显气质，你的温暖不经意间总能吸引同频道的人与你同行。做一束光，照亮我们身边的每一个角落。

谢谢大家！

领读者

贺彪

夏增明

领读作品

孟子

夏增明：大家好，我是输电线路带电作业检修工夏增明。

贺彪：大家好，我是配网带电作业工贺彪。

夏增明：我的工作，基本上每天都需要爬山爬塔，在危险的电场进出，在高温高负荷的情况下，带电检修。一年四季，我都是围着这一根根高压线转。经常有人问：爬那么高的塔，你不怕吗？当然怕！100多米的高空，比40层楼还高，没有任何屏障。刚参加工作的时候，每次爬完电塔回来，晚上都要做噩梦，梦见自己掉了下去，惊醒之后还冷汗直冒。可一晃，这一座座百米高塔，我已经爬了32年，有很多次机会，我可以离开一线，可我就是舍不下！

其实，我们一家人，都和输电线路有着很深的情缘，我的爸爸妈妈就是因电网结缘。去年年底，父亲离开了，他的遗愿是要把他葬在他最初架设、运维的那条电线路的下面。父亲说，落叶归根，那条电线路就是他的根，是他用心守护了一辈子的地方，他还要继续守护下去。

对我来说，这一根根输电高压线，就像是我要守护的“亲人”。不管是出差的路上，还是出去旅行的途中，再美的风景，我第一眼看到的永远都是这些线路，这变成了一种眷念，也像是一种刻进了基因里的记忆。

贺彪：作为一名配网带电作业工，虽然不用爬上百米的高空，但工作的风险，往往都藏在作业的细节里，配电线路带电作业都是在10千伏带电设备上检修，线路密集，操作空间狭小，要像外科医生做手术一样精细，稍有不注意，说来就不是故事，而是事故了！我们班组13个人，基本上都做了父亲，我也有一个6岁的儿子，我们的身后有一个个家庭，所以，每次现场作业，我交代完工作任务、安全措施和注意事项后，总会多叮嘱一句：这次作业也要全心投入、严谨专注啊！屋里人还等着呢！

每当一次次检修、抢修工作完成，脱下湿透的工作服，小区的灯光逐渐亮起，身旁陌生市民送上的冰水，一句句“辛苦了，谢谢你们”，这些瞬间，让我知道守护这万家灯火，很有意义也很值得。

夏增明：今天，我和贺彪想与大家分享的是这篇《孟子·告子下》中《生于忧患，死于安乐》中的一段。

下面进入我们的领读时刻：

夏增明：故天将降大任于是人也，必先苦其心志，劳其筋骨，饿其体肤，

贺彪：空乏其身，行拂乱其所为，所以动心忍性，曾益其所不能。

夏增明：人恒过，然后能改；困于心，衡于虑，而后作；

贺彪：征于色，发于声，而后喻。入则无法家拂士，出则无敌国外患者，国恒亡。

合：然后知生于忧患而死于安乐也。

夏增明：这篇文章，穿越千年而来，如今读了，依然会瞬间有不畏世间一切艰苦、坚守自己初心的力量。

贺彪：坚守平凡的工作、普通的岗位，守护这万家灯火，就是我们的责任与担当。

合：这是我们带电作业工人共同的守护！

嘉宾点评　中南大学文学与新闻传播学院教授、博士生导师、作家　阎真：

夏师傅虽然一直在普通的劳动岗位上，但是他做出了很好的成绩、很高的成就，特别是他有10项专利，我觉得在平凡的岗位上，能够做到这一点，是非常了不起的。

领读者

石德勇

谈咏琪

王璐

领读作品

雪山大地

石德勇：大家好，我是石德勇，是今年新入职的输电运检工。

谈咏琪：大家好，我是谈咏琪，是新入职的送变电一次施工员。

王璐：大家好，我是王璐，是一名入职一年的电网规划设计师。

合：我们都是电力新人！

石德勇：今天，我们仨想和大家分享的是我们拍的第一张工作照。我的这张照片，是我入职50天的时候拍的，不过主角不是我自己，而是我的同事周怡天，当时他正在输液，1个小时之前，他被山里土坑的毒蜂蜇了。我还记得，那天天气特别热，我跟着师傅们去山上砍树维修，准备上山的时候，一个先上山的同事气喘吁吁地跑了下来，说："上面马蜂窝被树压了，里面有几十上百只毒蜂跑出来了，我们都被叮了，你们快救人。"事不宜迟，我们马上给他们处理伤口，并且立刻安排司机，把大家送到了医院。等我们到医院时，医生说，如果再晚来两个小时，他们可能都会有生命危险。

谈咏琪：我的第一张工作照，是同事在我第一次爬杆塔训练的时候拍的。当时，我正好登上最高处的平台，没想到身上的三道保险缠绕在了一起，我真是又急又怕，只能默默地哭鼻子，高空上吹过的一小缕微风，都让我直哆嗦，一动不敢动。身体紧绷太久后，我的体力逐渐透支。这时，地面上传来师傅的声音："把腰上的安全带往右前方的杆子上系！"正当我抱紧柱子，犹犹豫豫不敢伸手时，同事们也对着我大喊："别紧张，不要看下面！"在大家的鼓励下，我勉强完成了人生第一次高空作业任务。

王璐：我的这张工作照，是在做一个项目时，帮助当地的叔叔阿姨修复了电路，他们为了感谢我们，热情地给我们送凉茶、送鸡蛋的场景，还邀请我们到家里吃饭。当时我真的很感动，感觉就像电视剧一样的情节，竟然发生在了我的身上。平时，我经常要熬夜画设计图，要绞尽脑计想方案，最后却很可能无法实施，所有的一切停止在废弃的图纸上，有过崩溃，有过大哭。但是通过这件事让我意识到，或许这才是我工作的价值所在，帮助更多的普通人，让他们的生活更加便利。

石德勇：我们想分享的是这本《雪山大地》中的选段，致敬那些为人民幸福生活奋斗的建设者们。

下面开启我们的领读时刻：

石德勇：父亲心说幸亏姥爷姥姥没来，来了肯定会紧张，整个体育馆满满的都是人，都是激情澎湃的声音，要让自己稳稳地不为所动，心脏首先要健康。父亲虽然不会跟着唱，但情绪是跟着观众走的，一阵阵地激动着，昂扬着。尤其让他高兴的是，洛洛的歌也赢得了如雷贯耳的掌声。梅朵的时间开始啦，洛洛的时间也开始啦。

人生的奇妙就在于：当你认为已经走到尽头、暗淡来临、悬崖出现，四野荒芜、希望全无时，突然头顶一阵闪亮，月光流淌而来，原来红地毯已经铺到你脚下啦，你只需脱掉泥泞的鞋子，洗净自己，清清爽爽踩上去。

谈咏琪：所有的“祈福”都在他们——三代人的忙碌中散发而出，变成了空气，

石德勇：变成了雨露，

王璐：变成了花朵的种子，

合：播撒在了人们心里，年年月月都在绽放。

石德勇：《雪山大地》中父辈们筚路蓝缕、鞠躬尽瘁、无怨无悔的建设精神，如种子一般根植在我们心里生根发芽，给予了我们非常多的力量，激励着我们投身到电网建设的伟大事业中去。

谢谢大家！

悦读 为美好生活加油

——走进湖南石化

点评嘉宾：王跃文　徐小立　罗爱民

领读嘉宾：王跃文

领读作品：《态度：大国工匠和他们的时代》等

中石化湖南石油化工有限公司由原巴陵石化、长岭炼化合并组建而成（两家企业由周恩来总理在 20 世纪 60 年代后期亲自批示建设），2023 年 6 月 6 日完成工商注册，2024 年 1 月 1 日实现一体化运营。经过 50 多年的发展建设，已成为一家大型炼油化工加工企业，是世界最大的己内酰胺、热塑性弹性体生产基地，国内重要的环氧树脂、环氧丙烷生产基地。

企业现有炼油、煤化工、己内酰胺 – 聚酰胺、热塑性弹性体、环氧树脂、环氧丙烷等产品链，其中，炼油一次加工能力 1500 万吨，煤气化装置日投煤 4500 吨，己内酰胺年产能 60 万吨，热塑性弹性体 38 万吨，环氧树脂 12 万吨，环氧丙烷 10 万吨，主要产品 100 余种。目前在册员工 1.1 万余人。2023 年，累计加工原料油 950 万吨，实现营业收入 756 亿元，上缴税费 111 亿元。

企业高度重视科技创新，累计获国家级奖项 27 项，其中国家技术发明一等奖 1 项、国家科技进步奖一等奖 5 项、中国工业大奖 1 项，拥有授权专利超过 640 件，被评为中国石化创新型企业，己内酰胺、锂系热

塑性弹性体、环氧树脂、环氧丙烷等生产技术均处于世界领先地位，且全部具有自主知识产权。

企业先后获得首批国家一级企业、全国文明单位、全国五一劳动奖状、全国先进基层党组织、全国思想政治工作优秀企业等荣誉。

下一步，企业将聚焦建设“特色、绿色、出色”湖南石化发展定位，实施创新驱动、价值引领、绿色智能、人才强企发展战略，推动形成“洁净油品 + 现代化工 + 高端化工新材料”产业格局，奋力打造世界领先绿色石化新材料创新基地。

领读嘉宾

王跃文

领读作品

家山

大家好，我向大家推荐我的长篇小说《家山》，这部小说是 2022 年底由人民文学出版社和湖南文艺出版社联合出版的。出版以来，反响很不错，作为作者我感到非常欣慰。我要感谢广大读者和社会各界对这部作品的支持与包容。

这个小说是虚构的，描写的是 1926 年到 1949 年一个南方乡村沙湾的故事。这本小说正面描写的是沙湾村的烟火日常，暗线或者辅线写的是时代的变更。有寒来暑往岁月流转，也有烟火日常儿女情长，时代风云家国情怀。24 年演绎一个村庄的人间事，一个民族的命运史，可以说这部小说既有静水流深，也有洪波涌起，讴歌了我们中华传统文明之美、民族根性之美和文明进步之美。有读者朋友可能会问，这个小说写的是八九十年前的故事，有的甚至是 100 多年前的故事，当代人为什么还要通过作品去读那个年月的故事？那么同样我们就会问另外一个问题，2500 多年过去了，我们为什么还要读《诗经》？1000 多年过去了，我们为什么还要读唐诗宋词？260 多年过去了，我们为什么还要读《红楼梦》？答案是文学的魅力。文学是一个传递光亮的事业，它能够把一代一代的人的光芒传递下去，人类因此生生不息，总有光芒照耀。

愿所有的读者朋友爱读书、读好书、赛读书，读我们工作生活需要的书。

领读者

罗国飞

领读作品

态度：大国工匠和他们的时代

大家好！我是长岭炼化 HPPO 技术的开发人员罗国飞。我有两个可爱的女儿，一个叫九九，一个叫一一，两个孩子的名字，见证了我十年技术攻关中两个艰难的时刻。

2016 年是我们 HPPO 项目攻关最困难的一年，那一年我的大女儿出生了，当时我攻关的一个指标要求达到 99% 以上，所以我给她取名“九九”，既寄托了我对攻关成功的希望，也期望她能有一颗追求卓越的心。在持续两年的攻关后，我们终于达到这一个指标。

2022 年，我的小女儿出生了，我给她取名“一一”，也是希望我们的技术能尽快从世界第三，问鼎世界第一，我们相信这个“一”已经不再遥远。

今天，我想和大家分享的是《态度：大国工匠和他们的时代》，这本书让我知道，一件事能否做好，不仅在于有多少能力，更重要的是做事的态度。工作到底是为了什么？是仅限于付出劳动、领取工资，还是满足我们“把工作做好、做到极致”的情怀？哪一种态度能把事做好，是显而易见的。

我们常常面临许多烦琐重复的工作，我们怎么去做，是不是机械的执行？书中工匠给我们答案是：多思考。我们有一些项目，创新可能就源于一个数据的差异。我们有一个科研项目，其实就是一个化验分析数据之间有差异，然后我们抓住了这个点，把它提炼总结，用了一些方法把它做成了一个科研项目，最后放到了装置上去，让装置能耗、物耗各方面的性能经济技术指标都有了很大的提升。

我们现在的生产都是把这个数据自动记录到电脑上，它每秒钟会记录一次。有的操作员向我抱怨：“你为什么还要每个小时让我写一次这个记录？”我跟他说：“一个是痕迹管理要求，另一个就是我们希望你在抄这个数的时候发现差异，找出问题，解决问题。”

这本书还告诉我们：做事要有坚持的劲儿。

对我而言，我从事了打破垄断的技术开发工作，但是我认为自己做得还不够优秀，所以我们的目标是要把它做到世界第一，这不是吹牛，我跟很多人都说过，我们要把这个东西做到世界第一，这是我们的责任和使命。

下面开启我的领读时刻：

但可能我最喜欢的就是这样的人生。这一生中，有过很多很努力的付出，有过很多很好的同伴，大家一起创造了很多工程的奇迹，也包括一些遗憾的事情，这个过程我是最喜欢的。我把自己的知识、技能、管理经验、人生追求全融在这里面了。干了10多年，没有感觉到很长，好像一瞬间就过去了，但一瞬间又是永恒。虽然是历史长河中的一瞬间，但我生命的价值融在其中了，无怨无悔。

这就是我的态度、思考和坚持！谢谢大家！

领读者

翟秋霞

领读作品

平凡的世界

大家好，我叫翟秋霞，在湖南石化数字部工作。我来自中国的大西北——甘肃，今天要推荐的也是一本来自大西北的书——路遥先生的《平凡的世界》，这本书我前后读过四遍。

第一次读，是高三的时候。上晚自习偷偷读，那时我还很年轻，看到的就是故事本身，是生活的苦难、命运的不公。让我印象深刻的是洪水夺走晓霞的生命，我到现在都记得当时那种窒息感，无法理解与接受这个故事。

第二次读，是大四面临毕业的时候。当时身边的同学们都相继找到了心仪的工作，自己却还没着落，我再次拿起了这本书。很奇怪，书籍就是这么有魔力，它让我回归平静、找到自我、找到出路。我从书中发现，真正成熟的人，在经历苦难的时候，是没有抱怨的。就像我的父亲，一个地道的农民，小时候吃过很多苦，一生非常勤劳，虽然日子过得很艰难，但他还是坚持供我们四兄妹读完了大学。记得有一年，父亲种了几亩西瓜，收成后是要给我们交学费的，可偏偏在西瓜成熟的时候遇上了洪水，那是一片河滩地，所有西瓜都被淤泥埋在了地里，水埋过的瓜是卖不了的，但是我的父亲没有抱怨，而是用了很多天，把能吃的瓜摘下来送给了村里的邻居。父亲就是这样的人，不管生活给他什么，他都坦然面对，不抱怨。

第三次读，是我生完孩子休产假的时候。时隔十几年，我再一次翻开了这本书，这时我有了工作，成了家，肩上有了责任和担子。我开始理解少平、崇拜少平，他对理想的执着和坚定，通过自己的勤劳和奋斗，书写了平凡世界的不平凡人生，当下感受到更多的是力量、顽强和热血。

第四次读，是参加这次《领读者》节目，我再次翻阅了《平凡的世界》。有这么一个片段，依旧深深地打动我：当时孙少平看书看到忘我，读的是《钢铁是怎样炼成的》，他躺在地里的玉米秸垛上，一晚上没睡，他第一次知道了双水村以外的世界。如今，回望来时路，我感觉我就是书里的少平，我终于坐上了火车，看到了山外面的世界。正是这些朴实无华的文字，给了我大大的力量，让我勇敢而坚定！不会向苦难低头，不会向生活投降。

下面开启我的领读时刻：

他一个人呆呆地坐在禾场边上，望着满天的星星，听着小河水朗朗的流水声，陷入了一种说不清楚的思绪之中。这思绪是散乱而飘浮的，又是幽深而莫测的。他突然感觉到，在他们这群山包围的双水村外面，有一个辽阔的大世界。如果他当初不知道这世界如此之大也罢了，反正双水村和石圪节就是他的世界。但现在他通过书本，已经“走”了那么多地方，他的思想怎么再会仅仅局限于原来的那个小天地呢？

我的分享就到这里，谢谢大家。

嘉宾点评　中国作协主席团委员、湖南省作家协会原主席　王跃文：

其实我们每一个平凡的人都有着不平凡的故事，我们有自己的理想和追求，我们有自己的成功和失败，我们的酸甜苦辣、悲欢离合，都有我们自己的感受。就像秋霞读《平凡的世界》已经四遍了，不停地从书中汲取力量，同时也从自己的平凡世界中汲取力量，读书应该像你这样从书本和生活中互相影响和理解，这样才能读懂人生这本大书。

领读者

聂 健

领读作品

浮生六记

我叫聂健，是湖南石化炼油部环己酮装置的一名设备技术员。我出生在帕米尔高原脚下，一个祖国版图最西边的边境小城——乌恰县。在这个太阳最后落山的小县城，记录了我高中之前的整个童年。

父亲曾在当时住所附近的锅炉房工作过一段时间，因为离家不远，十一二岁时的寒假，我和哥哥总喜欢翻过土墙去父亲工作的地方玩耍，只逃离母亲的视线几分钟，便出现了两个灰头土脸的大熊猫。父母只是无奈地相视一笑，却从未因此责骂过我们。

因为锅炉房不大，在外面玩耍的我，经常会看到父亲身着工装、查看锅炉燃烧情况、趴在水泵边上听声音的场景。我曾好奇地问过父亲，每天都是一样的锅炉、一样的水泵嗡嗡声，为什么总要去检查。父亲说："只有每天看看锅炉和设备的运行状态，才知道它们是正常的啊，不然停炉了，影响了居住区的暖气供应，那就麻烦了。"当时只觉得父亲太过严肃，后来才慢慢懂得，那就是责任所在。

之后父亲工作调整，再也没去过锅炉房。其间我还开玩笑地问过父亲，等我长大了，要去哪里工作呢？父亲笑着说："那要看你自己喜欢哪一种工作了。但不管是哪种工作，都需要认真对待，包括现在的学习也是一样的。"

后来，机缘巧合之下，我跨越万里之遥，来到洞庭湖畔的岳阳，并进入了巴陵石化，从事化工装置操作，又从操作员到了现在的设备工程师岗位。每次穿好工装、带齐仪器巡检时，总会想起童年时在锅炉房外看到的父亲工作的背影。我面对的虽然不是锅炉，肩负的职责却似乎是一样的，要保证设备的安全稳定运行，自己才能吃得下、睡得着。

在一次工作间隙，我偶然看到了《浮生六记》，看到第二记《闲情记趣》的这段文字时，虽然是文言文，却感觉如此亲切和有趣。幸福的童年治愈一生，正是我的父亲母亲，在那个物质匮乏的年代，养育了一个精神富足的小男孩，并在他心中种下了责任和担当的种子。

下面开启我的领读时刻：

余忆童稚时，能张目对日，明察秋毫。见藐小微物，必细察其纹理，故时有物外之趣。

夏蚊成雷，私拟作群鹤舞空，心之所向，则或千或百，果然鹤也；昂首观之，项为之强。又留蚊于素帐中，徐喷以烟，使其冲烟飞鸣，作青云白鹤观，果如鹤唳云端，怡然称快。

余常于土墙凹凸处、花台小草丛杂处，蹲其身，使与台齐；定神细视，以丛草为林，以虫蚁为兽，以土砾凸者为丘，凹者为壑，神游其中，怡然自得。

如今，我的孩子刚过百天，即便他现在什么也不知道，我仍想带他去湖边感受傍晚的落日与温柔的晚风，让他记住大自然的美好与父母温情的陪伴。同样地，我也希望他在未来的某一刻，见到飞蚊，能够想到鹤唳云端；看到虫蚁，能够定神细视而怡然自得。

我的分享就到这里，谢谢大家。

嘉宾点评　中国作协主席团委员、湖南省作家协会原主席　王跃文：

真没想到，你这么年轻，能够喜欢读《浮生六记》，说明你的文学素养是很好的，你的文言阅读能力也很好。

领读者

邹浪

邹末

领读作品

曾国藩家书

邹浪：大家好，我是邹浪。

邹末：大家好，我是邹末，一名新石化人，旁边是我老爸，也是别人口中的“邹大师”。

邹浪：今天我想和儿子一起，为大家分享《曾国藩家书》中的一段。

下面进入我们的领读时刻：

邹浪：凡人作一事，便须全副精神注在此一事，首尾不懈。

邹末：不可见异思迁，做这样想那样，坐这山望那山。

邹浪：人而无恒，终身一无所成。

邹末：我生平坐犯无恒的弊病，实在受害不小。当翰林时，应留心诗字，则好涉猎它书，以纷其志；读性理书时，则杂以诗文各集，以歧其趋。在六部时，又不甚实力讲求公事。在外带兵，又不能竭力专治军事，或读书写字以乱其志意。

邹浪：弟当以为鉴戒。

邹末：现在带勇，即埋头尽力以求带勇之法，早夜孳孳，日所思，夜所梦，舍带勇以外则一概不管。

邹浪：百无一成，悔之晚矣。

邹末：当年，我爸被评为湖南省技能大师时，我小小地诧异了一下：哦！我爸这么厉害啊！在我的记忆里，我爸很忙，但他到底在忙什么，那时候我并不知道。

现在我总算知道了，原来他有“两个儿子”。看到父亲每天都要查设备数据、查产品质量，我还问过他，每天的数据都大同小异，为什么要这么仔细地检查和登记？他告诉我：“只有每天全面了解现场，才能从细节的变化中发现问题。”做事情，要全力以赴，持之以恒。当下的事情做好了，明天肯定比今天好一点。

现在我已成为一名己内酰胺装置技术员，看着全新的厂区一点一点地建了起来，我也从之前的摇摆犹疑中，坚定了成为一名石化人的信念。

邹浪：成就一个不平凡的自己。我们的分享就到这里，谢谢大家！

嘉宾点评　中石化湖南石化公司高级专家、教授级高工　罗爱民：

他们父子俩在台上朗读的这一段，其实是曾国藩给他的九弟写的一封家书。曾国荃是可以跟曾国藩齐名的，两个人同时封侯。这封信，主要讲的是持之以恒，人一定要有“恒”，否则会一事无成。邹浪用他的实际行动，在石化一线的岗位上，践行了这个“恒”，所以他才能成为一名技能大师。

领读者

熊 伟

领读作品

红星照耀中国

大家好，我叫熊伟，是一名退伍老兵，也是湖南石化沥青区的一名老班长。作为一名退伍军人，三年军龄不长，但“见红旗就扛，见第一就争”的当兵作风，一直陪着我。

2017 年 10 月初的一天，天有点热，太阳晒在脖子上火辣辣的。我们公司的新产品——高黏改性乳化沥青，正在紧张有序地生产。

装置设备上的换热器，突然出现了故障。这是第一次供货给客户，可不能在这个时候掉链子。于是，我根据多年的经验判断，赶紧手动过滤起了沥青。当时这些感觉很清晰。

很重！我用双手端住一个不锈钢的筛子，照片上看着很薄，其实是很厚的不锈钢筛子，有两三斤重，这样保持了几个小时。我当时开玩笑说，看！当年在部队站军姿，锻炼出来的定力，在这儿完美用上了吧！

很烫！因为气压的关系，沥青会四处飞溅，130 摄氏度左右的沥青，溅到脸上或者身上，就像鸭子烫毛一样，黏着烫！

危险！槽罐车离地面 4 米左右高，闷热、气味刺鼻、辣眼睛，这样半蹲在上面，其实很危险。

时间很紧，客户要得急，但再急，手动过滤的过程也只能慢慢来，不然，沥青就会溢出来。就这样从上午 10 点多，一直到凌晨 2 点半，30 吨的合格产品终于完成装车，赶上了发货时间。当时的我，成了个“沥青人”。以前，老有人笑我说，皮肤这么黑，跟沥青很配。干了 16 年，我跟它越来越配了！

其实，现在再累也没有当兵的时候苦，可当兵再苦，也没有红军战争年代累、苦。今天想和大家分享的是这本《红星照耀中国》。这本书是一位美国记者斯诺在中国革命根据地的所见所闻，他向全世界介绍了中国共产党和中国工农红军以及许多红军领袖和普通战士形象，深入展示了中国共产党为了民族解放而艰苦奋斗的牺牲奉献精神。

下面开启我的领读时刻：

红军在大草地连续走了十天，始终不见人烟。在这片沼泽地带，大雨几乎下个不停。有些迷宫般若隐若现的足迹是当地山民才知道的，红军只有跟着给他们当向导的当地山民，才能穿过草地的中心。红军损失了更多的人马。许多人陷进了异常诡秘茂盛的水草里，连头顶都没入了沼泽深处，其他同志根本来不及援救。草地上没有柴火，他们只能生吃青稞和野菜。草地没有树木遮蔽，轻装的红军没有带帐篷。到了夜晚，他们只能捆一丛灌木枝，紧紧蜷缩在下面，虽然避不了多少雨。不过，他们最终经受住了考验，取得了胜利——至少强于追赶他们的白军部队，后者迷了路，只能调头折返，结果只有一小部分人生还。

《红星照耀中国》中的很多片段和故事，激励着我永葆军人本色，用自己的行动践行“艰苦奋斗、争创一流”的承诺。

我的分享到这里，谢谢大家！

嘉宾点评　湖南理工学院副校长、教授　徐小立：

从这本书里我们能够看到中国革命在中国共产党领导下进行艰苦奋斗的故事，熊班长选择这本书，我感到十分亲切，同时也非常感动于熊班长脱下军装后“退伍不褪色”的精神，熊班长这种特别能吃苦、特别能战斗、特别能担当的精神鼓舞着大家。部队练就了你强健的体魄，阅读铸就了你奋斗的精神！

领读者

常飞扬

冯晨亮

刘雍涵

领读作品

石油精神读本

常飞扬：大家好，我叫常飞扬，是巴陵石化煤气化装置设备技术工。

冯晨亮：大家好，我叫冯晨亮，是长岭炼化储运部成品片区的操作工。

刘雍涵：大家好，我叫刘雍涵，是长岭炼化炼油二部加氢片区的操作工。

常飞扬：来到巴陵石化工作后，一直是我师傅姜辉手把手带我。他经常说：好记性不如烂笔头。随身携带小笔记本做记录，是他的工作习惯。这个就是我师傅的笔记本，每用完一个笔记本，师傅都会做个编号，20 多年来，师傅一共记了 67 个笔记本。师傅每天上班的第一件事，就是罗列出当天的工作计划和安排。

师傅经常带着我们，到装置设备现场，实地讲解设备维护要点。有时候他会说：哪天干了个什么事情，可以借鉴到这里来吗？你们自己做笔记了吗？你们没有，我笔记本上有，你们随时可以拿去看。师傅说，随时做笔记，是他的工作方法。我们也可以有自己的工作习惯，但做事情要有计划、有目标、有思路、有条理，这是他对我们的要求。这就是我的师傅——姜辉！他用热爱坚守岗位，用执着诠释匠心，一直在路上。

冯晨亮：两年前我来到长炼，刚来时我的胆子很小，晚上出去巡检，身边的风吹草动都能把我吓一跳。当时是我的班长阳铁西带着我，他 1997 年退伍来到长岭炼化后，从一名操作工做起，后来成为班长，他像每一名长炼的老班长一样，默默奉献几十年，把平凡的工作做到极致。

有一次半夜突然下雨，当时他特别不放心，赶忙沿着边沟管线仔细检查，生怕发生泄漏。果不其然，在一处草丛遮挡的地方发现了油花，当时大家的对讲机中传来他急促的声音：“现场发现油花！”因为外面一直下雨，班里就有人说：“下雨天沟里的油渗出来有啥好检查的？以前也有这种情况。”但班长还是坚持在现场排查，在雨里查了一个多小时还没回来，大家就开始喊班长回来休息，班长却一边排查一边把草割掉，终于在天微亮的时候，在一处草丛中发现了漏点。幸好处置及时，否则这种泄漏极有可能造成环保事故，或者天晴后导致燃爆。在阳班长身上，我看到了石化人默默付出、精细严谨的精神。

刘雍涵：我的班长韩君清，来长炼已经34年了，始终扎根在一线岗位。有一次我问韩班长：“刚到工作岗位，面对陌生的装置，会不会担心学不好？”可能是看出了我对工作的担忧，他说：“在部队里不像你们在大学，学了非常多的文化理论知识，不过部队教会了我如何吃苦。想要做好工作，就必须付出比别人更多的努力！”

明年韩班长就要退休了，有人劝他，换个轻松一些的岗位，但他却坚持说，一定要站好最后一班岗。在韩班长的身上，我看到了他的执着和坚守，还有苦干实干的石化人精神。

今天我们要分享的书是《石油精神读本》，这是我们石化人的精神读本，书里有很多像我们的师傅、班长一样的石油化工人。

下面开启我们的领读时刻：

他不喜欢经验主义，反对不求甚解，更不以权威自居、以专家自诩。每当在实践中遇到新问题，总是坚持用科学的理论去解释；对待不同的观点和争论，总是坚持从实践中寻找答案。

在他70年的工作历程中，有一半时间都是在生产建设一线。在他主持过的多个炼油厂和上百套炼油装置设计中，无论面对理论问题还是实践问题，他都以专注踏实的态度、精益求精的精神，深入实际，深入一线，精确计算，反复论证，不但使问题得到解决，而且力争每个项目都有所创新。

领读者

许可

领读作品

年轮

大家好！我是来自长岭炼化炼油二部的许可，是一名生产一线的班长。

1988 年我进入长炼实习，第二年转正，那时我刚满 18 岁，正式开启了我的职业生涯，但是工作不到一年，我父亲就去世了。那段时间我看了《年轮》这本书，让我这个步入工作岗位不久、正在经历失去父亲的痛苦、独自应对社会历练的少年，第一次有了诸如“人生”之类的思考。书中吴振兴身上执着不屈的精神，也点燃了我对命运的不屈服，想通过自己的努力打拼去改变自己的命运。刚入职时，因为我是技校毕业，自己的学历不高，理论知识也不足，和自己前后进厂的大学生们相比有很大差距。但我坚信勤能补拙，所以从我进入装置上班的第一天，就准备了一个专用的工作笔记本：但凡岗位上出现的生产调整、异常波动和事故处理，我都要弄清来龙去脉和方法措施，然后详细记录，最后加上自己的心得体会。当时我还利用那个年代一年一次大检修的宝贵机会，钻遍了车间三套装置所有的设备去看配件查结构。三年时间，我的理论功底和实操技能迅速提升，掌握了三套装置所有岗位的操作技能，23 岁就成为长炼临氢系统历史上最年轻的大班长，也是目前为止我们公司最年轻的班长。

我一直认为，作为一名炼油操作工和一名基层班长，一定要有“拿得出手，冲得上去，稳得下来”的拼搏精神。尤其由于当时大型设备制造水平和工艺自保的局限性，加氢装置的循环机不时出现突然停机的现象。而处理过程总会有或大或小的纰漏，给安全生产造成了很大的威胁。通过对历次处理过程的分析总结与提炼，我自己编制了一套《循环机突停“四三”操作法》并在班组进行培训，在我们班再次经历停机时，我们在最短的时间内让装置达到最安全的状态，并且没有任何差错和纰漏，这个操作法也被车间整理成册，在我们全临氢系统内推广实施。

2009年，我来到了大炼油的加氢区。渣油加氢开工的初期，有一次压缩机垫片出现问题，突然发生大面积泄漏，那时我当机立断，决定停机，如果稍微停晚一点，后果不是着火就是爆炸。作为国内第六套的渣油加氢装置，在首周期便被我们创造出了运行时长的国内最高纪录。同时我们紧抓节能降耗这条主线，组成了能耗攻关团队，陆续研创了多个大型节能项目。为我们公司连续保持沿江企业炼油效益、吨油利润第一的佳绩奠定了坚实的基础，作出了重要的贡献。

埋首岗位34年，我有幸被授予“中国石化技术能手”、“巴陵工匠”等称号，国内很多大型石化企业也经常指定我去协助他们完成加氢工作，我做到了“许身石化、可堪巧匠”的目标，更无愧于父亲对我的期待。

最后我以《年轮》中的一小段来结束今天的分享，下面开启我的领读时刻：

这些少男少女，就这样开始在广阔天地里，接受个人和自己、个人和他人、个人和群体的矛盾的考试。他们既互相爱护，又难免时常企图互相伤害；他们既学会了保护自己的小小的狡猾、报复别人的小小的阴谋，也学会了反省自己和接受教训。而最主要的是，在艰难困苦面前，他们学会了鉴别哪些是人最可贵的品质和精神。

嘉宾点评　中国作协主席团委员、湖南省作家协会原主席　王跃文：

有一位朋友对我说，小说写到最后通常是高潮，但人生不是这样。确实，当我们退休，当我们老去，往往面临的不是一个高潮，但人生是一个整体，是一个阶段。就像我们的工作，像您的工作，每天不断奋斗，就像树的年轮一样，最后我们努力了，奋斗了，我们就没有遗憾。我相信，您的人生之树将会非常高大和粗壮。我为您点赞！

百态人生　阅见美好

——走进湖南保险行业

点评嘉宾：丁柳元 钟 君 刘 霞

领读嘉宾：丁柳元

领读作品：《做一个战士》等

领读者
PICC
中国人民保险
中国平安
PINGAN
财信人寿
中邮保险
CHINA POST INSURANCE
大家保险
天安财险
长城人寿
领读者

湖南省保险行业协会是湖南省保险行业的自律组织，于1998年成立，现有会员单位162个，其中人身险保险公司35个、财产险保险公司24个、专业保险中介机构88个，地市保险行业协会13个、个人会员2个。

成立以来，协会始终以促进行业发展为己任，切实加强自身建设，扎实履行工作职责，全心全意服务会员，努力建设规范型、专业型、创新型协会，发展引领力、会员组织力、社会影响力不断增强，是全省首批5A社会组织、全省先进社会组织、全省先进社会组织党组织、全省“十百千”示范组织、全省社会组织党建标杆、全省消费维权先进单位，多次被有关部门评为优秀协会、优秀调解组织等。

协会开展的重点业务有：加强行业自律、规范行业秩序，加强行业协调、维护行业权益，加强行业宣传、提升行业形象，加强行业交流、增强行业活力，加强行业服务、促进行业发展。

近年来，协会坚持“开门办会、服务立会、实干兴会、发展强会”的工作思路，在国家金融监督管理总局湖南监管局、湖南省民政厅等上级单位的正确领导和大力支持下，各项工作取得积极成效。在全国首创与国家金融监督管理总局湖南监管局、湖南省公安厅、中国银保保险信息技术管理有限公司共同组建湖南省保险反欺诈中心，防范打击保险诈骗违法犯罪。在全国率先与银行业联合规范银保业务管理，推动银保业务与清廉建设共建共促。在全国率先建立涉嫌“代理退保”监管投诉分类处置机制，有效遏制“代理退保”黑产的蔓延形势。在全国首次将保险业务数据统计延伸至县级机构，为保险机构经营决策提供有力数据支撑。与人民法院、司法部门联合建立涉保纠纷多元解决机制，切实保护保险消费者合法权益。与公安部门联合开展警保联动工作，为人民群众安全出行提供有力保障。与新闻媒体合作开展保险宣传，大力推动保险不断普及。扎实开展保险从业人员诚信管理、保险从业人员继续教育培训、保险销售人员销售能力资质分级分类管理、柜面服务标准化建设等，为推动湖南保险业高质量发展，让保险更好地服务于人民群众美好生活，作出了积极贡献。

领读嘉宾

丁柳元

领读作品

做一个战士

一个年轻的朋友写信问我，应该做一个什么样的人，我回答他做一个战士，另一个朋友问我怎样对待生活，我仍然答道，做一个战士。

《战士颂》的作者曾经写过这样的话：我激荡在这绵绵不息、滂沱四方的生命洪流中，我就应该追逐这洪流，而且追过它，自己去造更广更深的洪流。我如果是一盏灯，这灯的用处便是照彻那多凉的黑暗，我如果是海潮，便要鼓起波涛，去洗涤海边一切陈腐的积物。这段话很恰当地写出了战士的心情。

在这个时代，战士是最需要的，战士是永远追求光明的，他得不到光明便不会停止战斗。战士是永远年轻的，战士永远不会失去青春的活力。战士是不知道灰心与绝望的，他甚至在失败的废墟上，还要堆起破碎的砖头，重建九级宝塔。战士是不知道畏缩的，他的脚步很坚定，他看定目标便一直向前走去，这便是我们现在需要的战士。他是一个平凡的人，每个人都可以做战士，只要您有决心。所以我用《做一个战士》的话，来激励那些在彷徨、苦闷中的年轻朋友们。

我跟大家分享的这篇文章，是巴金在 1938 年 7 月 16 日于上海写下的，选自散文集《无题》，我要进行分享时第一个想到的就是这篇文章。刚刚我摘读了几句与大家共享，朋友们都能够看到，这篇文章刊登在 2001 年的一张报纸上，我当时剪下来，把它镶嵌在相框里，可以说已经记不得具体是因为什么把它剪下来。我想一定是因为它好，但是好在哪，已经完全记不得了。但是几年时间，它并不寂寞，因为我在伏案工作，或者休息阅读的时候，总有那么一秒一瞬的停留与交相呼应。如今站在人生的中间阶段，我发现它竟然是我前半生的写照，所以我想，也许这就是我当初把它剪下来的原因吧。

小时候老师问我们，你们的理想是什么呀？我的回答是我想做一个作家，显然今天看来这个梦想破灭了，但我依然仰慕那些可以让文字舞动起来的人，他们对我有着不可抗拒的引力。阅读笔记是我今生的朋友，或者说是伴侣也许更合适。无论悲喜，我都会回到书中，让自己安静，可以听到自己的心跳，照见自己。忙碌纷杂中，它是我的呼吸。所以今天和爱书的朋友们一起坐下来静静地领略读书之美，在忙碌中能够启航阅读之旅，是一件非常美妙的事情。

谢谢大家。

领读者

张大庆

领读作品

父亲的雪山 母亲的草地

大家好！我叫张大庆，是中华保险张家界中心支公司的一名农险员。今天，我想和大家分享的是这本《父亲的雪山 母亲的草地》，这是贺龙元帅的女儿贺捷生将军写的一本写父母、写家乡的书，里面写的很多地方，也是我生活过的地方。

从事农险工作 17 年多，我和很多农民兄弟姐妹处成了朋友，他们知道我来参加《领读者》这个节目，特意来到现场为我加油。关键时刻，也是农民兄弟救了我的命。很多年前的一个夏天，我去一个村查勘公益林火灾，火灾现场在山顶上，我与村支书顶着烈日，爬了 4 个小时的陡坡，才到现场完成查勘。回去的时候，天气太热了，我中暑倒在了草丛中。当时我的体重有 180 多斤，村支书瘦瘦高高，体重只有 120 多斤，但他却硬撑着把我背下了山。我特别感激，要谢谢他的救命之恩，他却憨厚地笑着说，没什么，应该的！有人会问，你怎么能有这么大的热情干这个？真要我说，故事三天三夜也说不完。现在我经常和徒弟们说，我是张家界大山里的儿子，那些农民就像我的父母一样，每次出险，我就想：如果是我父母亲人的猪死了、庄稼出问题了，我能眼睁睁看着他们哭吗？不把农民当朋友、当亲人，很难干好农险这个事。

大山里的郭大姐家的羊没了，我是早上接到的电话，然后开车在山里绕了近两个小时，开了一百来公里，才赶到她的家，经过确认，赔了郭大姐 400 元。其实这样的现场，我们每天要跑四五个，一天在大山里跑上几百公里很正常，有时候没有路，还得爬山。最多的时候，我一天处理过 9 个现场。

有时候，赔给农民的钱甚至还没有开车的油钱贵，但是我们还是要跑一趟。因为这些水稻、牲畜，是他们的一份依靠，是孩子的学费、一家人的吃喝……为了把这份工作做好，我每天必看天气预报，一旦有自然灾害的预警，我都会提醒乡亲们，做好防范，减少损失。现在，山里的农民朋友看到我都特别热情，我们公司的查勘车，甚至成了大家的服务车，有时候路上看到我们，就会招手让顺上一程，我们也一定招手即停。

下面开启我的领读时刻：

那是一棵古樟，在南方的村子里都能见到这种树，普通又名贵，是树中的尊者和王。它们通常站在村后的高冈上，与炊烟缭绕的村庄患难与共，苦命相守。千百年来，村里的人一代代老去，一代代诞生，唯有这种树盘根错节，经年不衰，代表村庄和村里的人极有耐心地活着，直到活得根茎爆裂，孔穴丛生，巨大的树冠遮天蔽地，如同一团团蓬蓬松松的云停泊在村庄的上空；直到活成村庄的传说，村庄的历史，村庄的神。但凡在古樟树下生活过的人，在日后的记忆中，对它必将无比怀念，无比眷恋，以至一辈子走不出它的绿荫。

嘉宾点评　演员、导演、第十一届中国文联全委会委员　丁柳元：

如果您没有这种像大树一样深扎的精神，是不可能成就这么辉煌的事业的，所以特别有感触为什么您选了这样的一部书来推介，而且选择了这样一个生动的画面，就是一棵大树根扎得深，它的叶才会更茂。

领读者

罗灿

领读作品

天堂旅行团

大家好，我叫罗灿，来自中国人民人寿保险公司。我曾经是一名老师，后来转行到了保险，可以说，现在的这份工作，改变了我的整个人生。那一年，我怀孕了，是双胞胎，当时全家人都像中了彩票一样高兴，两个孩子的乳名我都想好了：点点和豆豆。就在全家都沉浸在喜悦中时，在一个很平常的上午，我突然像有高原反应一样耳朵被堵住了，外界的声音一下子变得很远很远……第二天，我去了医院，医生告诉我，我得了突发性神经性耳聋。当时，医生给了我两个选择：要么尽快做高压氧治疗，放弃孩子；要么保住孩子，但很可能左耳会从此失聪。我没有迟疑，怎么样也一定要保住两个孩子，和孩子的生命比起来，自己的耳朵又算什么。在这样的选择下，我的左耳很快就完全听不见了。晚上脑袋嗡嗡作响，后来发展到走路都踉跄，讲话也不利索。度日如年的我，好不容易熬到 32 周，终于等到了点点和豆豆出生。但是，命运真爱开玩笑，苦苦坚持到最后，这两个小家伙在出生之后还是离开了，没能跟我一起回家……那天，八月初五，我的整个世界都塌了。之后很长的时间里，我不上班、不出门，甚至不想见任何人。我的世界里只有书，只有在一本本或感慨、或坚强的书里才能找到一丝丝慰藉。那些无声的日子里，书中似乎有我的解药，有时看着看着就哭了，有时看着看着就睡了……

有这样一本书，作者写完病了半年，它很悲伤却很有力量。我今天要跟大家分享这本带我走出困境的《天堂旅行团》。故事的主人公宋一鲤遇到了七岁的脑癌女孩小聚，小聚的乐观开朗和对世界深深的爱，照亮了他的世界。七岁的小女孩小聚，送给主人公一样东西——活下去的勇气。

跟书中的主人公比起来，我已经很幸运了。书让我走出了家门，有幸认识一位保险公司高管，在她的鼓励和帮助下，我走进了保险行业的大门，她带我找到了努力的方向，我也慢慢走出了自己的悲伤。

如今我有一个 10 岁很阳光的儿子，我有一份热爱的工作，我左耳的听力也恢复了很多，我也重拾学了多年的舞蹈。人生就是这样，你觉得全世界都给你关上了门，但是一定会在某个地方为你留下一扇窗，这个“出口”只有你自己才能找得到。要么去远行、要么遇高人、要么去读书……

嘉宾点评　湖南省社会科学院党组书记、院长　钟君：

人生是用来体验的，不是用来演绎完美的，人生也不是死亡的倒计时，生活让谁也骄傲不起来，所以你给我的是一种巨大的力量。你的负担将变成礼物，你受的苦难将照亮你前行的路，不要着急，最好的总会在最不经意间到来。

领读者

张成明

刘帅

领读作品

你若不勇敢，谁替你坚强

合：大家好，我们是领读者张成明和刘帅。

张成明：虽然我俩来自不同的公司，但是我们有一个共同的身份：保险理赔人。我们相识于 2017 年的水灾事故处理，并肩战斗，共同保障人民生命财产安全。今天我们要分享的书是《你若不勇敢，谁替你坚强》。

一线理赔人是保险行业里最苦最累的岗位之一，24 小时待命，只要客户有需要，不管是凌晨还是风雪交加，我们都要立刻赶赴现场，沉着处置，勇敢面对。

每天，我们都要面临各种扯皮，遇到个别不理解的，甚至还会把你直接锁进车里。这些都不算什么，我觉得只要人没事，一切都好说。每次出险，我最担心的就是遇到有人员伤亡的事故。为了方便查勘理赔，我们甚至还要协助民警，把伤亡人员处理好以便还原现场。

没有极佳的心理素质和职业素养，理赔这个活，真的挺难坚持下去。我之前带过一个徒弟，要协助一场车祸的伤亡人员理赔，家属要求理赔员作为第三方进行见证，第二天他就选择了辞职。

十年的理赔工作，让我深刻地领悟到：没有万一，只要发生就是 100%，所以安全无小事，我们每一个人都是这个世界的唯一！

刘帅：和成明到的事故现场不一样，我是一名非车险案件的处理员，我们的工作现场是重大灾害的第一线，比如洪涝、火灾……

2023 年 7 月底，福建泉州遭受超强台风“杜苏芮”侵袭，受灾严重。当时我刚好在休年假，公司打来电话，调我去福建支援，我马上赶到了福建灾情最严重的洪濑镇，参与灾后抢险救援和理赔。那里每天都是 40 多摄氏度的高温天气，洪水过后满地淤泥，垃圾和泡水受损的财物到处都是，现场勘查难度特别大，大家伙都很着急，我们必须尽快处置。一个客户陈大哥，让我印象特别深，到他家时，他眼神疲惫，说这些货是他一辈子的心血，就这么一下子被洪水冲走了，可怎么办啊？我问他当时的情形，他说洪水来得很急，他们夫妻俩急着搬货，才 10 岁的儿子也被洪水冲走了，他们赶紧出去救，人救回来了，但是货都被冲走了。我赶紧安慰他说，我们来了，一定尽量让你的损失降到最低。我帮助他把受损的货物逐一清点，把有些完好的货物退回原厂，还帮他们低价找维修人员，一天之内就完成了现场查勘清点工作，不到一周就出具了赔付方案。

张成明：我们理赔人员，面对的都是各种生活的意外甚至苦难，但我们要战胜它，别无选择，必须坚强。

下面开启我们的领读时刻：

张成明：坚韧不拔的斗志是一种力量，一种魅力，它使别人更加信赖你。每个人都信任那些有魄力的人。对于一个不畏艰难、一往无前、勇于承担责任的人，人们知道反对他、打击他都是徒劳的。

刘帅：坚韧的人从不会停下来想他到底能不能成功。他唯一要考虑的问题就是如何前进，如何走得更远，如何接近目标。无论途中有高山、有河流还是有沼泽，他都会去攀登、去穿越。而所有其他方面的考虑，都是为了实现这个终极目标。

张成明：要做人生的强者，首先要做精神上的强者，做一个坚韧不拔、威武不屈的人。

刘帅：世间不存在无法克服的艰难和困苦，在你面临绝境时，在你气喘吁吁甚至精疲力竭时，只要再坚持一下，奋力拼搏一下，你就会战胜困难。

嘉宾点评　湖南省社会科学院党组书记、院长　钟君：

为什么你勇敢，是因为你做了无比正确的事，做了为人民服务的事，所以你的心里面充满了力量，所以你勇敢，所以你无须烦恼。

领读者

刘玲

领读作品

成为母亲

大家好，我叫刘玲，来自中国人寿邵阳分公司。今天我要分享的书是《成为母亲》。从小我就跟着妈妈一起生活，我八九岁的时候，就和妈妈一起，在城市里捡废品补贴家用。凌晨的街头，挨个儿去翻路边的垃圾桶，翻完了再回去上学。有次周末起晚了一点，不知不觉就翻到了同学家楼下，他是个阳光大男孩，在楼上热情地向我挥舞着手臂喊："刘玲？刘玲！真是你啊！你怎么起这么早啊？"当我跟他四目相对的那一刻，真想有个地洞钻进去。我落荒而逃，内心很怨愤，妈妈为什么要我干这个，太丢人了！

后来，妈妈回到家乡的小镇，经营起一家水果店，十岁那年我成了小老板。那个时候，最怕的就是别人来买甘蔗，一根甘蔗两米多高，比我还高一半，要先把甘蔗平放在钩秤的盘子上称好，再拿水果刀刨甘蔗皮，最后把刨好的甘蔗砍成一节节装好。一顿操作下来汗流浃背，有时候也会湿了眼眶。我很不理解，妈妈为什么总是让我干这么多活。但往往还来不及多想，新的顾客又来了。

逢年过节，小店 24 小时营业。有一年高中的寒假，可能因为白天生意太好，我太累了，到晚上看店的时候，烤着火盖了件衣服就睡了。不知睡了多久，突然感觉有股疼痛像热浪一样向我的身体传来。着火了，而且烧到自己了。可是，我真的好困好困，把火扑灭后，继续睡了。等到妈妈来换班的时候，才发现我的手被烧伤了。

好在有一份意外险，这次意外的理赔，不仅让我能够顺利接受治疗，也开启了我和保险行业的缘分。上大学的时候，我选择了保险学专业。

其实很多时候，我都是不太理解妈妈的，不理解她为什么总是要让我和她的生活过得这么辛苦。手上的那道伤疤愈合了，但是成长路上，我内心的伤痕好像没有愈合。直到四年前，我也成了一名母亲，并且看到了《成为母亲》这本书，书里真实呈现了作者初为人母的挣扎与困惑。

是啊！可能“没有女人天生是母亲”，绝大部分女人在真正成为母亲之前，都是怀着一份赤诚的天真，踏上了这段未知的旅程，却从未想过竟是如此艰难。现在的我释怀了，内心的伤也慢慢结了痂。我的妈妈——她其实拼尽全力地活着，她用她的方式爱着我，她也在拼命地护我周全。

嘉宾点评　演员、导演、第十一届中国文联全委会委员　丁柳元：

我深切体会到刚才妈妈说我爱你的时候，里面蕴含了多少的力量。我还想说不是每一个孕育生命的人都称得上是母亲，人类繁衍更伟大的意义是生命力，生命里面蕴含着酸甜苦辣才是生命的意义，我想在这里致敬每一位合格的母亲。

领读者

申南

李芬

蒋洁莹

领读作品

定风波

申南：大家好，我叫申南，来自紫金财险。

蒋洁莹：大家好，我叫蒋洁莹，来自太保财险。

李芬：大家好，我叫李芬，来自交银人寿。

李芬：我童年的快乐，是在爷爷教的诗歌里。在我两岁的时候，爷爷就领着我，一字一句地读古诗词。爷爷教我的第一首诗，就是大家熟知的《静夜思》。有一次爷爷念起了“疑是地上霜”，那时正是夏夜，我正追着萤火虫跑，就不耐烦地说：“明明就是月光，哪里像霜啦？”长大之后，我才慢慢懂得，这首诗说的是，霜降后，天气慢慢变冷，异乡人开始收拾行囊归乡，这时也是他们思乡最浓时。

爷爷这辈子闯荡四方，可我从没有见过爷爷的抱怨和沮丧。爷爷常说，“人有悲欢离合，月有阴晴圆缺”，世间没有十全十美的事。满是缺，缺也是满。人生由缺憾构成，其实也是另一种圆满。“人间有味是清欢”，认清生活的真相后，仍然能在生活中发现乐趣，方为大智慧。小时候在爷爷身边，不懂这些；长大了，上学、工作、离开了家乡，遇到不如意的时候，看着曾经照亮我们祖孙俩的月亮，再对比爷爷的经历和我的小问题，还有什么是无法释怀的呢？

申南：读书于我来说是一件快乐的事情，它让我精神富足，不觉辛苦。从小我随父母在青海的西部农场长大，那里物质条件艰苦，是影视剧中描绘的苦寒之地。父辈们投身西部建设，无惧空气稀薄，不以山海为远，奉献了整个青春年华。我的爸爸是一名语文老师，也是我读书的启蒙者。记得不管是夏日午后林荫散步还是在冬日雪夜围炉而坐，他总会给我讲一些小故事来激发我对读书的兴趣——因为唐敖无继国的见闻，我去读了全本的《镜花缘》；因为蒋兴哥重会珍珠衫的传奇，我又翻完了整部《喻世明言》。每年我的生日，父亲都会送一套书给我，读书是我们父女俩交流的方式，更是父亲送给我的一把打开世界的钥匙。

在那个物质匮乏的年代，父亲学着养花种菜，忙着教书育人，一点一滴地重建在青海的生活，就如他最喜欢的苏轼一样，不论在什么环境中，都能“且将新火试新茶，诗酒趁年华”。父亲这种乐观豁达的精神，一直伴随我在成长路上披荆斩棘、跨越坎坷。无论是考研路上一分之差的复读，还是初级专业岗位考核的末位，都没能将我打倒。因为我知道豁达是从泥泞中长出来的，人生如逆旅，我亦是行人。

蒋洁莹：作为一位职场妈妈，如何平衡工作和家庭，一直是我头疼的问题。诗歌为我的难题打开了一个出口。2021 年 11 月我到南岳支公司履新，问题来了：孩子因为在学校受挫，情绪低落，不愿意去学校，并引起了身体不适。半个学期里孩子请假、复课，反反复复，我不愿接受老师说的“最坏的结果是休学”，于是工作日上班，我争分夺秒学业务；休息日我带着孩子，奔走在求医问药的路上。

“不识庐山真面目，只缘身在此山中”。在我迷茫沮丧的时候，我在诗词中平复了焦虑的情绪，在我的影响下，儿子也喜欢上了诗词，还会把他学到的新的诗句与我分享。现在，距离那段来回奔波、坐在医院打盹儿的日子已经两年了，我的儿子也上初三了，青春期的他仍然会遇到各种问题，会表现出他的“不完美”，而我也渐渐接受了他的“不完美”，和他一起阅读、一起运动、一起成长。

申南：今天，我们三位保险从业者，因为共同的爱好走到了一起。都说“人生缘何不快乐，只因未读苏东坡”。

李芬：当我们思念亲人时，他劝慰我们：人有悲欢离合，月有阴晴圆缺，此事古难全。

蒋洁莹：当我们迷茫时，他告诉我们：不识庐山真面目，只缘身在此山中。

申南：当我们失意时，他宽慰我们：谁道人生无再少？此心安处是吾乡。

李芬：今天，我们想为大家分享苏轼的《定风波》，愿我们都心有暖阳，宠辱不惊，活出从容、乐观的一生。

申南：《定风波·莫听穿林打叶声》，三月七日，沙湖道中遇雨。

蒋洁莹：雨具先去，同行皆狼狈，余独不觉。已而遂晴，故作此词。

合：莫听穿林打叶声，何妨吟啸且徐行。

竹杖芒鞋轻胜马，谁怕？一蓑烟雨任平生。

料峭春风吹酒醒，微冷，山头斜照却相迎。

回首向来萧瑟处，归去，也无风雨也无晴。

领读者

吴芳宜

领读作品

谁是最可爱的人

大家好！我叫吴芳宜，是平安人寿湖南分公司的一名保险代理人。今天，我想和大家分享一篇每个人都很熟悉的文章——魏巍的《谁是最可爱的人》。

下面开启我的领读时刻：

亲爱的朋友们，当你坐上早晨第一列电车走向工厂的时候，当你扛上犁耙走向田野的时候，当你喝完一杯豆浆、提着书包走向学校的时候，当你坐到办公桌前开始这一天工作的时候，当你向孩子嘴里塞着苹果的时候，当你和爱人悠闲散步的时候……朋友，你是否意识到你是在幸福之中呢？你也许很惊讶地说："这是很平常的呀！"可是，从朝鲜归来的人，会知道你正生活在幸福中。请你意识到这是一种幸福吧，因为只有你意识到这一点，你才能更深刻了解我们的战士在朝鲜奋不顾身的原因。朋友！你是这么爱我们的祖国，爱我们的伟大领袖毛主席，你一定会深深地爱我们的战士，——他们确实是我们最可爱的人！

我的爷爷就是最可爱的人，他已经 90 岁了，是中国人民志愿军第 39 军 115 师的卫生员。16 岁那年，他雄赳赳气昂昂跨过鸭绿江，参加了伟大的抗美援朝战争。我问过爷爷，是打仗啊，你害怕吗？他很严肃地跟我讲："抗美援朝，保家卫国！那时候没想过怕，就想着别人都打到咱们家门口了，一定要把敌人打跑。"

在抗美援朝的战场上，爷爷是一名"白衣战士"。他印象最深的是在一次战斗中，有一位和他差不多年纪的战友身受重伤，肚子被炸开了个大口子，他没多想，赶紧用纱布碘酒包扎救治，想着赶快把他从死亡线上拉回来。

爷爷说，战场上，他见证了太多太多战友的牺牲，有的侥幸捡回了一条命，却因受伤无法继续参加战斗被送回国内，当然，还有更多的战友在被他简单救治后，再次扛起枪去了前线。

那个时候，他跟着部队，仗打到哪里，卫生员就跟到哪里，一晚上夜行几十里都是常有的事，每天都还要面对敌人的各种轰炸和大大小小的战斗。

死亡离他最近的一次，是一次他和战友正在吃午饭，这个时候头顶突然飞机轰鸣，一颗炸弹就在离他们两三米的地方爆炸了。

经历了两年零九个月艰苦卓绝的浴血奋战，终于赢得了抗美援朝战争的伟大胜利。爷爷也回到了邵阳城步的老家，成为一名乡村小学老师，一干就是 30 多年。他这辈子，不是在救死扶伤，就是在教书育人，这两段人生经历，都让我对爷爷充满了敬意。

爷爷总说，我们现在的和平生活，都是他的战友用生命和鲜血换来的。是的，我们并不是生活在一个和平的年代，而是有幸生活在一个和平的国家！当年，是像我爷爷这样的志愿军战士，这群“最可爱的人”，用生命捍卫了和平，用鲜血守卫了我们的幸福。

让我们一起铭记历史，一起致敬最可爱的人！

谢谢大家！

嘉宾点评　演员、导演、第十一届中国文联全委会委员　丁柳元：

我的爷爷是抗美援朝某师的师长，我十几岁的时候他就离开了我，他在我印象中就是一个瘫痪的老人和最后身体留下七个弹片的一位长辈。多年以后我因为工作的原因，来到了丹东，看到了钢铁的大桥斑斑的弹痕、弹洞，突然就有一种情绪一下涌上来，我在想我年少的时候居然没有机会、没有那一份心情去探寻爷爷的故事，他带着那么多故事走了。我们应该做信仰接力棒的传递者，我们应该把这样的红色基因传承下去，因为精神只有传承才有力量。

领读者

付 静

领读作品

红楼梦

大家好！我是付静，来自太平人寿湖南分公司教育培训部，在保险行业做了 25 年，是 20 世纪 90 年代第一批保险业务员之一，可以说，见证了整个保险行业的迅猛发展。

我很爱看书，最喜欢的是古典名著《红楼梦》，这是我的一本“枕边书”，第一次读它时我 17 岁，如今快要退休了，我还是每年都会读一遍。前前后后，读了 30 多遍。

学生时代，读《红楼梦》，我读到的是史湘云与林黛玉意境清奇的联诗，“寒塘渡鹤影，冷月葬花魂”；读到的是宁国府的对联，“世事洞明皆学问，人情练达即文章”；读到的是薛宝钗的豪情壮志，“好风凭借力，送我上青云”。

参加工作后，我经历了单位倒闭，被迫下岗，然后再就业，再到转行做了一名保险业务员。

从大型国企的宣传干事，到挨家挨户做陌生拜访的保险业务员，从安逸地坐在办公室，到每天都要出去寻找客户做业务，真的尝尽了酸甜苦辣咸。

那时候我坚持每天整理客户名单，每天拜访客户，每天学习专业知识。经过一年多的努力，我成长为一名营业区的高级经理，有了自己的营销团队。当然，最开心的是，在那个年代我实现了收入的大幅度提高，我用自己的努力和勤奋，为家人提供了一份比较好的经济保障。我对保险工作越来越认同，为了让更多的人了解保险，吸引更多的人从事保险事业，我转岗成了一名保险职业教育专业讲师，在这个岗位上干了 20 多年，简单的事情重复做，重复的事情用心做，为公司培养了一批又一批的新代理人。

热爱学习是我的一种习惯，近几年，我在业余时间考取了证券从业资格证，取得了国际注册培训师资格认证，还自学了国画和教育心理学。

学习让我的生活更加丰富多彩，更加从容淡定。

人生已经过半，再读《红楼梦》的时候，我反而更喜欢那个“凡鸟偏从末世来，都知爱慕此生才”的王熙凤，她是脂粉堆里的英雄，我很欣赏她的精明，也佩服她强大的执行力和规划能力，把几百人的荣国府上上下下打理得井井有条，我觉得她就是我在工作中学习的榜样。

今天，我想分享的是《红楼梦》第十四回，王熙凤协理宁国府时，用雷霆手段治乱的选段。

下面开启我的领读时刻：

凤姐听了，即命收帖儿登记，待张材家的缴清，又发与这人去了。凤姐便说道：“明儿他也睡迷了，后儿我也睡迷了，将来都没了人了。本来要饶你，只是我头一次宽了，下次人就难管，不如现开发的好。”登时放下脸来，喝命：“带出去，打二十板子！”一面又掷下宁国府对牌：“出去说与来升，革他一月银米！”众人听说，又见凤姐眉立，知是恼了，不敢怠慢。拖人的出去拖人，执牌传谕的忙去传谕。那人身不由己，已拖出去挨了二十大板，还要进来叩谢。凤姐道：“明日再有误的，打四十，后日的六十，有不怕挨打的，只管误！”说着，吩咐：“散了罢。”窗外众人听说，方各自执事去了。彼时宁国荣国两处执事领牌交牌的，人来往不绝，那抱愧被打之人含羞去了，这才知道凤姐利害。

领读者

杨跃宗

领读作品

心

大家好！我是杨跃宗，来自中国人寿湖南省分公司。

我分享的这本书叫作《心》。“一切的成功都归结于利他之心”，这是我最深刻的读书感悟。

保险，是一个颇具争议的行业。说起保险是什么？有人会随口一说：“保险啊，骗人的。”也有人说保险不就是赔钱的吗！人都没了要钱有什么用？刚入行时，我自己也困惑过，所以也问过我的父母：“你们觉得保险是什么呢？”他们看着我，笑了笑说：“你不就是我们老两口儿最好的‘保险’吗？”那个时候我觉得，保险是在太多的“不确定”中找到的那一份珍贵的“确定”。

然而，人们的悲欢并不相通，一个人的跌宕起伏、阴晴圆缺在另一个人眼中很可能只是普通的桥段而已。而“利他之心”能够将人与人的情感相互联结。这个“他”，可以是亲人、朋友，也可以是合作伙伴、客户群体，更可以是广大民众、天下苍生。这正是从自爱到大爱再到博爱的升华。

在十几年的基层工作中，有这样一个人、一件事让我记忆犹新。她是我在县城工作时，团队里一位“90后”销售精英。那段时间她遭遇了自己的职业瓶颈——自己虽然努力，但业绩有一阵子没有起色，这让她感到心灰意冷，几次和我说想辞职。恰好就在这个时候，她的第一位客户突然查出乳腺癌晚期，病情危急。我看着她犹豫不定的样子，我就说“你的事放一放，先办完这个案子再说”。接下来的几天，我带着她在县城的公司和客户所在的乡镇之间不停往返，公路土路一个半小时的路程，我们最多的一天走了四个来回，以最快速度给客户拿到了理赔款。幸运的是，也正是这笔赔款最终帮助客户顺利战胜病魔。后面我们每次聊起这段经历，她都会十分感慨地说，正是这件事坚定了她的从业信念，让她看到了公司上下的共同努力，也让她明白保险可以在人们最困难无助的时候施以援手，支撑他们渡过难关。在随后的工作中，她先后为一千多个家庭送去了保险保障，自己也多次获得行业“诚信服务明星”称号。回首这段经历，我对她的“利他”，以及她对客户的“利他”，不仅治愈了一位恶疾缠身的病人、挽救了一个濒临破碎的家庭，更共同塑造出一位对事业充满热情、对客户满怀真诚的行业新星。而在我心中，这段经历也成为迄今为止的职业生涯里最让自己感到骄傲的一枚“无名”奖章。

保险的本质应该是利国、利民，同时也是利他的。它的价值，在于“经济生命”的延续。2022 年，湖南保险行业的赔付支出高达 604 亿元，可以说为千万家庭和企业送去了“救命钱”和“及时雨”，让他们在困难面前，获得了一份勇气和底气，也让他们在变故之后，能够重新面对生活。

成己为人、成人达己。道阻且长，行则将至。抱利他之心，行利他之事，最终我们也一定会受益无穷。最后我以《心》这本书中的一段话来结束今天的分享。

如果有家庭，首先就要做一些让家人幸福的事情。如果在工作，就要为职场同事、为客户做力所能及的事。

只要有利于他人，不管事情多么细小，都是利他的行为，在利他的行为中萌生的利他心，像花朵一样绽放。

由此，你就有了向着最高尚、最美好的行为迈进的阶梯。

飞阅世界 与书同行

——走进湖南机场集团

点评嘉宾：汤素兰　杨柳岸

领读嘉宾：汤素兰

领读作品：《手艺里的中国》等

安化黑茶
長沙黃花國際機場
INTERNATIONAL AIRPORT

湖南省机场管理集团是省国资委监管的大型国有航空运输服务保障企业，其前身为民航湖南省管理局。2003 年民航属地化管理改革，省政府批准设立机场集团，代表省政府经营管理湖南机场国有资产，行使行业管理职能，统筹规划省内机场建设发展，确保国有资产保值增值。集团注册资本 51 亿元，2021 年经省国资委审核确认，明确为商业二类企业，主业为民用运输机场及其配套设施的投资、建设、运营、管理，航空运输相关配套业务及通用航空服务。集团下辖湖南机场股份、空港实业、省通航发展、临空经济、机场物流 5 家全资、控股子公司，共有员工 6052 人。其中，机场股份公司下辖长沙、张家界、常德、永州、怀化 5 个机场分公司和机场建设指挥部。受衡阳、邵阳、郴州、湘西州政府委托，委派人员对衡阳南岳、邵阳武冈、郴州北湖、湘西边城 4 个机场进行管理。

近年来，在省委的坚强领导下，集团党委坚持以习近平新时代中国

特色社会主义思想为指引，全面贯彻落实党的二十大、二十届三中全会，习近平总书记关于湖南、国企、民航、安全、党建工作的重要讲话和重要指示批示精神，认真落实中央、省委经济工作会议、省委十二届五次全会精神，以及省委、省政府各项决策部署，助力实现“三高四新”美好蓝图，推进高质量发展。2023 年，湖南机场共保障运输起降 25 万架次，同比增长 74.6%；完成旅客吞吐量 3210.9 万人次，同比增长 120.1%；完成货邮吞吐量 17.7 万吨，同比增长 13.6%。长沙机场 2023 年旅客吞吐量达 2724.8 万人次，创历史新高，同比增长 154.8%，连续三年位居中部地区第 1 位，全国第 14 位。

领读嘉宾

汤素兰

领读作品

寻找林木森书店

敬爱的各位领导、各位读者朋友，大家好。非常荣幸能够参加《领读者》的活动，我给大家带来了一本我的新书，叫作《寻找林木森书店》，这是一本关于读书和书店的书，我想通过一家百年书店的消逝与回归，告诉孩子阅读的力量、梦想的力量。

飞机是我们人类有形的翅膀，而书籍阅读是我们无形的翅膀，当飞机带着我们飞越万水千山的时候，总有一些地方，是我们的脚步没有办法到达的，但是通过阅读我们能够到达。我们每一个人生命的长度都是有限的，总有一些人间烟火、总有一些人间的故事，不是我们每一个人都能够经历的，但是当我们阅读的时候，我们能够感受。所以当我们飞“阅”世界，与书同行的时候，我们就有了两双翅膀，能够看见更加辽阔的世界，也能够成为更好的自己。这是我今天要和大家分享《寻找林木森书店》的原因。

这个故事讲的是一家百年书店的门口，有一只木雕兔子，100 年来通过这家书店的熏陶，也成了一个有灵魂、有梦想的兔子。但是兔子渐渐发现了人类社会很奇怪的事情。当它发现人们不再爱进书店，当发现炸鸡店、奶茶店、饰品店、电子游戏室的人远远多于书店的时候，它很困惑，它想知道，人类的世界究竟发生了什么。后来它知道了，与思考相比，人们更爱娱乐；与孤独相比，人们更爱热闹；与书相比，那些层出不穷、花样翻新的电子产品，才是人们生活的必需品。在兔子看来，孤独多么好，100 多年来它都是孤独的，因为孤独，它拥有了许多读书和思考的时间，它了解了人类的历史并且找到了自己的梦想。书多么好啊，有些书记录着人类宝贵的知识，有些书是人类艺术创造的结晶，有些人将自己一生的悲欢离合、成功失败写在书里，提醒阅读这些书的人少走弯路。

我和大家的分享就到这里，谢谢大家。

领读者

罗栋

领读作品

水浒传

大家好！我叫罗栋，是黄花国际机场空港实业的一名航机员。我今天要分享的书是《水浒传》。

小时候我就很喜欢读《水浒传》，里面情节曲折、悬念迭生、扣人心弦，每个人物都刻画得入木三分、栩栩如生，里面所有人物都是一面镜子，从中可以看到自己的影子。如果说从一百零八条好汉中选一个和我比较契合的话，我会选“神行太保”戴宗。戴宗日行千里，腿快速疾，办事也稳当高效。作为机坪里的外卖小哥，每天要配送近 30 个航班共一千多份餐食，还有数不清的机上用品，每天微信步数都是两万起步，暑期、春运高峰期更是达到了三万多步，并且短时间内要配送多个航班，航班的起飞时间又有严格控制，所以我们是与时间赛跑，必须高效无误地送达，在忙碌又寒冷的春运期间也奔波得满头大汗。我们民航人有一个共识，节假日大多数人都放假回家或旅游休闲的时候，是我们最忙的时候，但我们没有怨言，为广大旅客服务是我们的职责，牺牲小家服务大家是值得的。

戴宗还有一个事迹。在宋江身患背疮之时及时请来安道全，医治好了宋江，我也曾经有过类似的经历。记得一天配送完餐食正准备回休息室休息时，接到了一个紧急任务，一航班由于前站天气原因延误，机上有一位医护人员携带一例人体捐献（肝脏）器官前去湛江，自备给器官保鲜的冰块不够用，恳求加急，补送冰块。接到通知后，我顿感责任重大，丝毫不敢耽误时间，从领取冰块到装车签封，再到过安检，最后到达停机位送上航班与医务人员交接，全程加速冲刺，正常需要 15 分钟的时间，最后只用了 3 分钟。值得高兴的是，后来接受器官移植的患者手术做得很成功。

《水浒传》中一百零八条好汉各有所长，我们各行各业也都有自己的闪光点，凡人微光，星火成炬！

接下来我和大家分享《水浒传》中宋江身患背疮，临危之时，戴宗请来安道全医治宋江的选段。下面开启我的领读时刻：

张顺请入村店，买酒相待。正吃之间，只见外面一个客人走到面前，叫声："兄弟，如何这般迟误？"张顺看时，却是神行太保戴宗，扮做客人赶来。张顺慌忙教与安道全相见了，便问宋公明哥哥消息。戴宗道："如今哥哥神思昏迷，水米不吃，看看待死，不久临危。"张顺闻言，泪如雨下。安道全问道："若是皮肉身体得知疼痛，便可医治。只怕误了日期。"戴宗道："这个容易。"取两个甲马拴在安道全腿上。戴宗自背了药囊，分付张顺："你自慢来，我同太医前去。"两个离了村店，作起神行法先去了。有诗为证：

将军发背少宁安，千里迎医道路难。
四腿俱粘双甲马，星驰电逐奔梁山。

谢谢大家！

嘉宾点评　湖南省作家协会主席、湖南师范大学文学院教授　汤素兰：

罗栋的讲述让我认识了不一样的人群，给我开启了一片新天地。《水浒传》这本书在你心中种下了种子，长大后你成为真正的"神医太保"，为你点赞！

领读者

吕寄寅

袁梦瑾

领读作品

沁园春·长沙

袁梦瑾：大家好，我叫袁梦瑾，来自张家界荷花国际机场。

吕寄寅：大家好，我叫吕寄寅，来自郴州北湖机场。

袁梦瑾：国航 1359，可以起飞，风向 330 度，风速 5 米 / 秒。

吕寄寅：可以起飞，国航 1359。

吕寄寅：塔台，南方 3246，请求滑行。

袁梦瑾：塔台，南方 3246，沿滑行道 T4、F、A 滑到 18 左跑道等待点，在 18 左跑道外等待。

袁梦瑾：CSN3108, 6300m, maintaining.

吕寄寅：CSN3108, descend to 3600m.

袁梦瑾：Descending to 3600m, CSN3108.

袁梦瑾：我是一名空中交通管制员，前面的对话就是我们的工作日常。指挥飞机上下高度、偏航入航、起飞落地、地面滑行等，相比于这些，更重要的是当飞机遇到特殊情况时，我们要迅速反应和决断，为机组提供必需的帮助。

2023 年 9 月，我们本场起飞的一架航班，在初始爬升阶段遭遇鸟击，导致风挡玻璃破裂，需要返航着陆。听起来是不是很耳熟？对，就是和电影《中国机长》中的原型航班四川 8633 的遭遇一样。

当时我和搭班同事迅速分工，他负责与机组直接沟通，询问飞机受损情况以及机组后续意图；我负责通知本场的应急救援进行待命，并向上级领导及相邻管制单位通报紧急情况的发生。整个事件的持续时间不长，也正是因为时间不长，我们的责任更显重大。用哪条跑道落地更有利？与其他空中飞机的冲突如何调配？刚起飞不久就返航，是否满足最大着陆重量？是否需要放油？要考虑的因素太多，整机人的生命就在我们的一言一念之间。

25 分钟后，飞机安全落地，我也第一次亲身理解了“敬畏生命，敬畏规章，敬畏职责”是多么深刻的一句话。

吕寄寅：我也是一名空中交通管制员，空管工作需要有高度的责任心和精湛的业务技能。在面对各种突发、复杂情况时，冷静和专注是我们必备的品质。遇到复杂天气，我们需要精准把握气象信息，并评估天气对飞行的影响；遇到飞机空中特情，我们需要根据事件性质和故障程度，迅速提供飞行情报服务、告警服务及搜寻救援服务。

作为一名“天路”的守护者，我深知责任重大，确保航空运行安全、确保人民生命安全，是我们空管人的神圣职责！坚持总体国家安全观，坚决守护好祖国的蓝天“雄鹰”。

我和梦瑾都非常喜欢《沁园春·长沙》这首词，“鹰击长空，鱼翔浅底，万类霜天竞自由”，让我们体会到了翱翔蓝天的自由和美好，接下来我们将共同为大家分享《沁园春·长沙》。

袁梦瑾：独立寒秋，湘江北去，橘子洲头。
看万山红遍，层林尽染；漫江碧透，百舸争流。
吕寄寅：鹰击长空，鱼翔浅底，万类霜天竞自由。
怅寥廓，问苍茫大地，谁主沉浮？
携来百侣曾游。忆往昔峥嵘岁月稠。
恰同学少年，风华正茂；书生意气，挥斥方遒。
指点江山，激扬文字，粪土当年万户侯。
曾记否，到中流击水，浪遏飞舟？

谢谢大家。

领读者

谢亚男

领读作品

人生随时可以重来

大家好！我是谢亚男，是长沙机场的一名运行指挥员。记得第一次拿起对讲机通报航班信息时，我紧张到握着对讲机的手掌冒汗，每次发布指令，我都要提前在心里默念很多次，生怕出现一丁点儿错误，没想到，这一干就是 12 年。现在的我已经是大家认可的“岗位能手”，不管遇到什么情况，我都能非常从容冷静地应对，并快速地做出决断、发布指令。

2020 年，我竞聘成为一名班组长。从此，班组安全管理、人员培训、课题研究，都成了我肩上沉甸甸的责任。每次遇到要进行班组工作汇报或课题汇报时，我都会在家反复修改汇报细节和练习，以至于 6 岁的儿子都对我的汇报稿耳熟能详。有一次，我和儿子说：“你今天扮演我的搭档，陪我一起练习班组汇报可以吗？”儿子高兴极了，欢呼着说可以当我同事了。有付出就有收获，我所在班组连续三年获得省级 QC 课题荣誉，被评为运控中心的优秀班组。

今天，我想给大家分享的是《人生随时可以重来》。书中主人公摩西奶奶原本只是一名农场妇女，她从 58 岁开始学习画画，一直坚持到 101 岁，她那份对生活的热爱和执着深深地激励着我。趁自己还年轻，勇敢地去做自己想做的事，是这本书给我最大的启发。

下面开启我的领读时刻：

何必用一个远大的梦想框住自己，而不是从现在开始一点点努力呢？如果自己想种出一棵高大的橡树，便只有播下种子，辛勤浇灌，才能成功。对于你的坚持和努力，生活或许暂时没能发现，但你要相信，终有一天，它会沿着你坚持的脚步而来，并且停留在你面前，拥抱你。

谢谢大家！

领读者

胥鑫磊

领读作品

手艺里的中国

大家好，我是来自长沙机场机务保障部的胥鑫磊。今天我要分享的书是《手艺里的中国》。它讲述了中华文明古往今来各种传统手艺的传承与革新，与我的工作息息相关。

我曾经在空军部队服役了 6 年，那时也是一名修飞机的手艺人。在部队工作时，我师傅和班长们不止一次跟我说："只有将手中的工作做好，才能安心将战鹰放飞。"这是一项特别重要的工作，因为我左手托着的是国家财产，右手托着的是战友的生命安全，所以从在师傅手中带教开始，无论是小到一个保险丝怎么打，大到整台发动机的拆装流程，我都要做到烂熟于胸、手到擒来，这也让我更加懂得手艺的重要性。

退役后，我来到了长沙机场再次从事机务工作。面对机型的大差异、模式的大不同，我知道这将是一场全新的挑战。因为我以前从事的是战机维修，现在是保障民航客机，除了机组安全，还要保障数百位旅客的安全，所以我们必须把各项手艺从头到尾一丝不苟地完成。

因为机型和模式不同，我必须从头开始学，无论是绕机检查、送机接机，还是航前航后的工作等，都要做到 100% 的确定。当时班组给我指定了带教师傅，在带教师傅身边，我加倍努力学习，不错过任何重点难点易错点。在第一次自主送机工作前，我跟在师傅身边，送出了超过 100 架次航班。航前航后工作时，我就跟在放行员身后，遇到不懂的机件构型就问，碰到需要工作的项目就上手，终于我成为第一批可以单飞的维修员。

还记得第一次维修国航 330 飞机，就遇上要更换两个主轮，因为时间紧任务重，来了一帮同事帮忙。有的帮忙抬轮胎、清点工具、打手电；有的忙着核对编号、履历本，顶千斤顶；还有的指挥撤廊桥、梯子，拆轮胎。忙中有序，我感受到了团队合作和精工细活的力量。

细致严谨，苛于标准。再大的工作量，也要确保每一项工序 100%

准确到位。维修时，打开工具箱，我们必须三校准，维修前有几个工具，维修后也必须确保每个工具回收到工具箱内。如果有任何一个工具在维修过程中遗失，哪怕是个小螺丝钉，我们都必须找到，哪怕一晚上不睡觉、飞机不起飞，也要找到。身边的亲朋好友总会问我：“在机场上班，是开飞机的吧？”这时，我会自豪地说：“我不是开飞机的，但是飞机没我就不能飞！”

一位老同事曾说过，机务工作是一项日积月累的手艺活，学习时，你只学到了七成，带教时，你又只教到了七成，一来二去只有不到五成的手艺被传承了下去。这句话一直让我大为触动，让我对机务工作这个手艺活有了更深的理解和认同，也让我更加明白这本书中所讲。

下面开启我的领读时刻：

这是匠人的意义，他们在千篇一律的日常用品中，在铜墙铁壁的工业社会里，种出了一朵朵活泼的小花，这些花朵的根系，就是我们的传统文化。正因为这些传承仍然倔强地存在着，我们才有幸得以在美的意象中与山川万物重逢。

最后，也祝愿大家从黄花机场起飞，与山川万物重逢！谢谢大家！

嘉宾点评　华中师范大学历史文化学院副教授、哲学博士　杨柳岸：

一个对经验有要求的工作，往往需要谨慎、需要悟性、需要细致，当然也很需要师徒传承。感谢你对保障航空安全作出的努力，谢谢你。

领读者

邱安

领读作品

也是冬天，
也是春天

大家好，我叫邱安，是长沙机场的一名盲降机务员。

我今天分享的书籍是迟子建老师的散文集《也是冬天，也是春天》，书中作者与母亲的一个个小故事总能让我潸然泪下，不由自主地想到我的母亲。

我是一个在乡村长大的孩子，打我有记忆以来，我和母亲就是聚少离多。她是一名普通的乡村妇女，仅仅受过初中教育后便早早地步入社会，结婚生子，生活艰难且不如意。在我和妹妹两三岁的时候，为了给我们一个更好的未来，她毅然决然地背起行囊，独自一人奔赴广州打工。20 世纪 90 年代的火车是拥挤、脏乱的，母亲得靠着两三个亲友的帮助，才能从车门口或者窗户挤上去，别说座位，能有个落脚地就算是幸运的了。后来，我考上了北方的大学，切切实实地坐过火车，我才体会到坐车的不易和艰辛，是无处安放、肿胀的双腿，是时刻紧绷的神经，而母亲这一坐就是 20 年。

我和妹妹也靠着母亲二十年如一日的辛劳，从小过着吃穿不愁的生活，考上了理想的大学，看到了外面不一样的世界，也在城市里扎了根、落了地，而不像同村其他女孩子一样，早早生子困于乡间。现在问起她是怎么坚持下来的，母亲总说："我吃的苦可不能让你们再去尝一遍。"言语中满是自豪与怜爱。

母亲是在我参加工作的时候退休的。2022 年，母亲在以前同事的盛情邀请下，去广州拾起了老本行，干得可谓风生水起，打电话时她的语气都变得自信、快乐了很多，一改往日跟我们在一起的温婉、低调。可惜的是，在妹妹的孩子出生后，母亲只能再次退出她热爱的工作回归家庭。用她自己的话说，我年纪大了，每天围着灶台转没关系，但是你们还年轻，得好好工作，经济独立了，才能精神独立，才不会失去自我。我想这可能就是中国式的母爱，是付出，是包容，也是隐忍。世上哪有什么岁月静好，而是有人替你负重前行。

作为一名盲降机务员，凌晨维护维修设备，攀爬天线铁塔，烈日下室外作业，风雪中抢修设备，母亲是既心疼又骄傲，总说：“你们这工作责任重大，要吃得苦！霸得蛮！耐得烦！”的确，十几年一路走来，是母亲身上的那份女性独立与坚韧的品质，让我学会了积极面对困难，勇敢地承担责任，拼尽全力解决问题，守护每一位出行旅客的平安归家路！

下面开启我的领读时刻：

也许是太沉浸在小说中了，我竟然对春雪的降临毫无知觉。从地上的积雪看得出来，它来了有一两个小时了。确如妈妈所言，雪中夹杂着丝丝细雨，好像残冬流下的几行清泪。做母亲的，怕的就是这样的泪痕会淋湿她的女儿啊！而我却粗暴地践踏了这份母爱！

那个时刻，我的眼前蓦然闪现出春雪中妈妈为我送伞的情景。母爱就像伞，把阴晦留给自己，而把晴朗留给儿女。母爱也像那一颗颗龙眼，不管表皮多么干涩，内里总是深藏着甘甜的汁液。

嘉宾点评　华中师范大学历史文化学院副教授、哲学博士　杨柳岸：

迟子建老师的这部散文集有很多的故事，母亲是其中出现最频繁的角色，这就像是我们的生活，母亲总在身边离我们很近，长时间地陪伴我们，但是往往她最容易被忽略。这也让我想起我的母亲，对我一直是无微不至地关照、关爱，但是我给她的回馈总是不够，这也是我很惭愧的事情。感谢邱安，带我们走进书中非常深情的一段，这也是提醒我们要珍视身边那些爱着我们的人。

领读者

陈　鑫

领读作品

国家命运·中国两弹一星的秘密历程

大家好，我是陈鑫，来自湖南机场集团建设指挥部，是长沙机场改扩建工程的一名一线工程师。2020 年毕业后，集团为了让青年人才有效锻炼，我有幸直接参与了这个伟大的工程。起初，我只是一名初出茅庐、对未来充满迷茫和困惑的“新兵”，是师傅蒋成的帮助和带领，让我迅速成长，成为独立负责房建项目管理的工程师。

我的师傅蒋成，他是全国五一劳动奖章获得者，从外表来看，他瘦弱的身躯实在是平凡普通，可工作起来总是劲头十足，以至于我有时候忍不住问他：“师傅，你这人怎么两副面孔啊？平日里不善言辞、和和气气，一到工地上就吹毛求疵，追求完美。”师傅笑笑说：“我们的工程要经得起历史考验，就得追求极致、要求完美。”

长沙机场改扩建工程建成后，将成为国内交通接驳方式最多、无缝换乘效率最高的现代化立体综合交通枢纽之一，可实现“零距离换乘”、“无缝化衔接”，旅客仅需步行 5 分钟即可轻松换乘地铁、磁浮、城际快线、高铁 4 种轨道交通，被誉为“换乘之王”。

“换乘之王”带来前所未有便捷的同时，也带来了前所未有的施工困难。2021 年初，我在师傅的带领下，有幸作为长沙机场改扩建工程的先锋军，率先进入工地，当时距离“6·30”实质开工不到半年，工地还是一片荒山野岭。我看到这种情况，顿时慌了神，不知从何处下手。这个时候，师傅跟我说：“没有条件就创造条件！没有人上就我们自己上！”师傅一天 100 多通电话，2 万步的微信步数，让我们都没办法不跟着一起努力干，我们逐一攻破了施工过程的“拦路虎”。15 天通路、1 个月完成场地平整、2 个月通水、3 个月通电，实现了 6 月 30 日开工的目标。三年来，长沙机场改扩建工程已初具规模，各项工作正在稳步推进，对 2026 年成功投入使用，我们更加有信心了。

在最艰难的时候，是师傅蒋成给我推荐了这本书《国家命运 · 中国两弹一星的秘密历程》，正是这本书，让我学会了如何勇敢，教会了我如何坚持。

下面开启我的领读时刻：

在戈壁滩上的道路旁，有一棵苍老的榆树。核试验基地的同志告诉我们，这棵树就是传说中的“夫妻树”。说是在内地，有一对夫妻各自接到命令，来罗布泊参加第一次核试验。因为上级有要求，上不告父母，下不告妻儿，他们互相隐瞒着，分头出发了。有一天，他们意外在这棵树下相遇，才发现两人都是为了一个任务而来。张爱萍将军听到这个动人的故事，望着这棵树说：“就叫它夫妻树吧。”

相较于这些伟大的科学家，我们做的这些真的微乎其微，相较于我师傅对工程的付出和艰辛，我做得还远远不够。唯至诚者，能至其极。我将继续跟随师傅蒋成的脚步，以工匠文化为笔，以西跑道攻坚精神为墨，勾勒“四型机场”，绘就“十四五”蓝图，推动新时代民航高质量发展。

谢谢大家。

领读者

郭蜀湘

领读作品

百年孤独

大家好，我叫郭蜀湘，来自湖南机场物流公司。今天，我想分享的是《百年孤独》这本书中我特别喜欢的一段。

下面开启我的领读时刻：

多年以后，面对行刑队，奥雷里亚诺·布恩迪亚上校将会回想起父亲带他去见识冰块的那个遥远的下午。

巨人刚打开箱子，立刻冒出一股寒气。箱中只有一块巨大的透明物体，里面含有无数针芒，薄暮的光线在其间破碎，化作彩色的星辰。何塞·阿尔卡蒂奥·布恩迪亚茫然无措，但他知道孩子们在期待他马上给出解释，只好鼓起勇气咕哝了一句："这是世上最大的钻石。""不是。"吉卜赛人纠正道："是冰块。"

这就是奥雷里亚诺·布恩迪亚上校小的时候第一次由父亲带着去见识冰块的那个下午。

父亲的影响力是深远的，就像布恩迪亚上校在面对死亡时，会回忆起父亲带着他见识冰块的那个遥远的下午一样，父爱，会是我们最大的力量源泉。

我对飞机一直有一种亲切感，因为我的父亲是一名空军。多年以后，我成为一名航空人，面对停机坪里的飞机，我依然会回想起，父亲带着我，第一次见到飞机的那个下午，他教我认识各种机型，什么是歼-6 甲与歼-6 乙……后来爸爸和几个叔叔还把我抱进了驾驶舱，让我触摸到了真正的飞机。可以说，正是这些经历，为我打开了飞机世界的一扇门。

父亲，是一个不苟言笑的人，对我而言，他就像一本好书，无声，却充满了力量。五岁的时候，我的母亲重病，那时候部队任务还是挺重的，父亲几年都没有探亲假，他请了几个月的长假，回家照顾妈妈。之后，母亲离开了我和他，临走前，母亲给他留下了两句话："照顾好孩子。照顾好老人。"

可以说，父亲用自己的一生，在完成母亲这句嘱托。从此，他的生命中，只有飞机和家人。在做好工作的同时，他把我接到了部队，既当爹又当妈地把我带大。现在的他已经光荣退休，他又尽心尽力地照顾着我的外公和外婆。

在我看来，父亲的一生很平凡，在部队，他是保卫和平的军人；在家庭，他是如山一般的依靠。

前不久，我还去了一趟父亲当时的部队，临走前，我看到墙上的一行字，其实小的时候它就在那了。"责任重于泰山"。那一刻，我突然意识到，我的父亲，是把"责任"二字，牢牢地扛在了他的肩膀上，刻进了自己的心坎里。

我的分享就到这里，谢谢大家。

领读者

张雅玲

陈子培

领读作品

梦在蓝天

张雅玲：四年前，我离开象牙塔，穿上了安检制服，加入了长沙机场这个大家庭。我时常说，在安检通道遇到旅客，就像开盲盒一样令人新奇不已，但同时又充满挑战。

作为安全与服务并重的一线工作者，碰到旅客对于规章制度的不理解是常有的事。有一次，航班延误到凌晨，一位中年女士往返出入安检现场，她需要再次通过安检，但她不仅拒绝检查，还要冲进隔离区。我本能地用身体挡住了她。当时她非常激动，顺手拿起手中的包甩在我身上，还斥责道："我刚刚已经检查过一遍了，你们凭什么还要检查？"我与她耐心解释沟通后，她调整了情绪，最后配合完成了安全检查。

遇到这样的情况，说不委屈是假的，但当我听到航班顺利起飞的广播时，我觉得自己的勇敢、担当就有了意义。

陈子培：其实站好机场的服务岗，很多时候还是要给自己打打气的。

2023 年是我服务旅客的第七年，还记得 6 月 17 日上午 10 点，一场突如其来的雷电大雨导致长沙机场航班大面积延误。起飞时间遥遥无期，旅客情绪异常激动，"我要赶去考试啊？后续转国际的航班赶不上怎么办？""我还带着老人小孩，一口吃的东西都没有吗？"登机口围满了焦急的旅客，我一边抓紧协调沟通相关单位，一边向旅客耐心解释："您别着急，我帮您沟通后续票务问题。""您别着急，我帮您想想其他交通方式。""您别着急，我已经向航空公司申请餐食。"七年的服务经验告诉我，要先做处理，再讲道理。

还有一次，也是航班延误，旅客全部围着我：延误这么久为什么没有泡面、没有矿泉水、没有任何赔偿？你什么也不做，站在这里干吗？我不停解释回应旅客的各种问题，直到航班登机。这时，一个小女生在我身边停下了脚步，拉着我的手臂说："辛苦你了，你这么有耐心，已经做得很好了！"然后掏出了一盒糖塞给我，"这是专门给你买的。"还没等我反应过来，说句谢谢，这位旅客就消失在登机口的人群中。

这本《梦在蓝天》，我们机场每年都会出版一期，这本书由发生在湖南机场人身上的真实故事组成，相信不管什么时候翻开它，你都能从中获得力量与支持。

让我们一起进入领读时刻：

陈子培：每一个民航人都发自内心地希望，航站楼大厅始终人流如织、生机盎然，哪怕总有处理不完的误机、航延等各种特殊情况，哪怕要面对旅客不理解时的指责、质问甚至是谩骂。因为我们知道，自己的付出能为机场擦亮名片，机场也能为我们提供幸福相守的港湾。

张雅玲：当然，更多时候我们没想这么多，不是为了谁，也没有多么伟大，只是认为做了这一份工作，就必须承担相应的责任。每当遇到特殊旅客、首乘旅客，我们都会发自内心地想去帮助，这不只是职责所在，而是每次能够真正地帮到别人时，我们的内心也会充满喜悦。

我们的分享就到这里，谢谢大家！

书香大院

——走进湖南省委机关

点评嘉宾：张志初　龚曙光　余　艳

领读作品：《生活的艺术》等

湖南省委机关图书馆总面积 916 平方米，隶属于省委办公厅直接管理，由湖南省新华书店有限责任公司负责运营管理及服务，设置综合阅览室、少儿阅览室和多功能区三个区域，现有藏书 3.7 万余册，阅览座位 150 个，是一个集“阅读 + 咖啡 + 活动”于一体的公益性图书馆，可为读者提供图书借阅、售卖和活动开展等综合配套性服务。

2023 年 6 月，省委机关图书馆完成了整体提质改造，已然成为省委大院一道亮丽的文化风景线、重要的精神文化阵地，先后接待省部级领导调研指导 50 余批，服务读者 3 万余人次，受到省委各级领导及读者的高度好评。

馆内每周定期开展的“蓉园讲坛”，人气爆棚、反响热烈。“蓉园讲坛”活动由 17 家省直单位和新华书店轮值主办，从 2023 年 8 月起至今已举办 24 场，其间，邀请了朱汉民、袁南生、阎真、王跃文、柏连阳等知名专家教授开展讲座。传统文化、湖湘文化、国学经典、红色文化等轮番开讲，听者云集，活动影响力、知名度不断提升。“蓉园讲坛”作为馆内的示范性活动，对巩固深化主题教育成果、深入推进“书香机关”建设具有重要意义。

为建设“书香大院”，营造书香氛围，充分发挥图书馆阅读活动阵地作用，馆内依托读者微信群建设，通过征文、经典诵读、知识科普等形式进行人员招募，策划开展了各类影响面广、主题突出、时代性强、形式多样、内容丰富的阅读推广活动，如“书香溢熠读书会”、“书香雅韵月满中秋——我们的节日 · 中秋节”、“追‘锋’向未来”学雷锋活动等。同时，不断丰富活动载体，常态化开展“红领巾护书员”、“红领巾荐书官”等社会实践活动，持续深化品牌活动效应，形成了周周有活动、处处有书香的全民阅读氛围。

领读者

夏晶晶

领读作品

生活的艺术

大家好，我是来自湖南省委外事办的夏晶晶。今天我要分享的书是林语堂先生的《生活的艺术》。林语堂先生是享誉中外的文学家和翻译家，他学贯中西，被誉为“开一时之风气”架起中西沟通桥梁的“中国大师”。他“两脚踏中西文化，一心评宇宙文章”，编撰和翻译了许多中国经典传播到西方。他用英文撰写《生活的艺术》，就是为了让更多的西方人了解中国的文化以及中国人的生活方式。《生活的艺术》也是全美畅销书冠军，在美国《纽约时报》畅销书排行榜上，稳居榜首高达52周。这是什么概念？几乎美国人手一本，整整霸榜一年！林语堂先生以细腻动人的东方情调去观照竞争残酷、节奏飞快的西方现代生活，他避用概念，弃用口号，引俗入雅，降雅为俗，将雅俗融合，写出了无学究气、空灵动人、智慧而快乐的生活哲学。林语堂同时代大师云集，有鲁迅、郭沫若、茅盾、巴金、老舍、沈从文等文学巨匠。林语堂先生和他同时代的大师都非常有家国情怀，他们在青年时代写了无数作品传播中华文化，唤醒国人意识，彰显文化自信。这不由得让我想起鲁迅先生说的“他远去的背影渐渐高大起来，映照出我皮袍下的‘小’”。读书就是会让人不断接触到一些更大“人格”的人，映照出我们自己的“小”来，不断读书就能不断看见先辈们的热血青春和胸怀“国之大者”的格局。想想我们，现在也正值青年。作为一名青年外事工作者，我们就是要充分发挥主观能动性，服务国家总体外交大局，服务我省“开放崛起”，用自己的力量讲好中国故事的湖南篇章！我作为一名基层干部，就是要做扎根一线的旗帜，做燎原的火焰和布满天空的繁星，要用心用情，服务人民！

接下来，我与大家分享《生活的艺术》的节选——《诗样的人生》。下面开启我的领读时刻：

我以为从生物学的观点看起来，人生几乎是像一首诗。它有韵律和拍子，也有生长和腐蚀的内在循环。一个人有童年、壮年和老年，我想没有一个人会觉得这是不美满。一天有上午、中午、日落，一年有春、夏、秋、冬四季，这办法再好没有。人生没有什么好坏，只有“在那一季里什么东西是好的”的问题。如果我们抱着这种生物学的人生观念，循着季节去生活，那么除自大的呆子和无可救药的理想主义者之外，没有人会否认人生确是像一首诗那样过去的。

这段话告诉我们要活在自己的季节里，活在自己的年龄里，用书中的话说就是 Live according to the seasons。要有“以终为始”的智慧。在春天，就要万物生发、努力成长；在夏天，就要奋斗不息、扩充眼界；在秋天，就要收获平和、云卷云舒；在冬天，就要接受萧瑟，同时，也要享受温暖。希望大家都可以活在自己的季节里，每一个当下，都是最好的时光。

嘉宾点评　湖南省政府参事室特约研究员、省关工委副主任、太和智库高级研究员　张志初：

读书有三境界，王国维先生的《人间词话》第一境界是昨夜西风凋碧树，独上高楼，望尽天涯路，要耐得住寂寞。第二境界，衣带渐宽终不悔，为伊消得人憔悴，要刻苦。第三境界更加美了，众里寻他千百度，蓦然回首，那人却在，灯火阑珊处。我觉得你悟出了真谛。

领读者

胡一鹏

领读作品

细节决定成败

大家好，我叫胡一鹏，来自省委办公厅文电处，从事文电管理工作。今天我与大家分享《细节决定成败》这本书，我感受最深的是书中的两句话："把简单的事做到不简单，把平凡的事做到不平凡。""小事成就大事，细节决定成败。"

我干这行已有三十多年了，始终坚持"细节决定成败"这个理念，高度负责、认真细致地管理好每一份党的重要文件、电报，精准精细服务好省委领导和机关各处室，先后参与党的十八大、十九大、二十大湖南团会议文件服务工作，无一差错，都圆满完成了任务，得到了省委领导和机关同志们的肯定。2021 年，我被评为湖南省优秀共产党员，获得了省直机关劳动模范的荣誉称号。

我的体会就是这本书上所说，努力把每一件简单的事做到不简单，把每一件平凡的事做到不平凡，在工作中一定要注重细节，把小事做细做实，让细节成为习惯，工作才能尽善尽美。

2023 年上半年，在一次省委全会中，我负责会议文件的印制、分发和管理工作。其中一份非常重要的文件，上午是与会人员分组讨论，下午 4 点钟大会表决通过。上午 12 点分组讨论会议结束后，文件起草人员立即汇总与会人员的意见，对文件进行修改，要到下午 2 点才能正式定稿，下午 3 点 40 分会议代表就进场。留给文件排版、印制、分发的时间最多就只有 100 分钟。按正常情况，300 多人的大型会议，印刷厂离会场有近一公里的距离，350 份文件排版、校核、印制、运送会场、分发，最快的速度也要 4 个小时左右。我提前制定详细的工作预案，把每个流程认真细化，能并联的采取并联方式，如 40 页的文件我们分两台机器分别印刷前一部分和后一部分，印完后合并装订，每印出 100 份文件就派车送到会场分发，一边分发一边安排人员检查，从而把整个会议文件的排版、校核、印制、装订、运送会场和分发工作全过程控制在 95 分钟以内，还留了5分钟的机动时间。同志们全力配合，圆满完成了工作任务。当会议代表步入会场时，所有文件都已摆放在每位代表的桌面上。

其实，在我们的工作生活中，关于注重细节的正反例子还有很多，小到个人，大到集体和国家，均如此，小事成就大事，细节决定成败。

下面开启我的领读时刻：

老子曾说："治大国若烹小鲜。"他将治理国家比作烹调小鱼一样，只能将调味、火候放得适中，如文火烹煮，不急不躁，这样煮出的食物才能色鲜味美。如火候不对，调味不对，心烦气躁，下锅后急于翻动，最后煮出的东西将"一包糟"，色、香、味什么都没有了，肉也碎了。可见，细微之处方见真功夫。

细节考量着每一个政府公务员的素质，考量着每一个政府公务员的服务水平，细节造就现代服务型政府。政府要实现从管理到服务的职能转变，依然任重道远，需要从观念上，从工作作风、工作态度上等方面着手，实实在在地从细节做起。

正所谓千里之行始于足下，为走好新时代的长征路，我们每一位同志更应该注重每一个小细节，从小事做起，从本职工作做起，一步一个脚印地前进，努力在建设新湖南的征程上建功立业。

嘉宾点评　一级作家、中国报告文学学会理事、湖南省作协副主席、湖南省网络作协主席　余艳：

文字在你的眼里，绝对不是普通的一个个字，而是一个个珍珠，你是那么珍惜它，才可能在平凡的工作中，把每一个字都看得那么的珍贵。

领读者

李霞

贺柳溪

黄春蕾

领读作品

走到人生边上

李霞：大家好，我叫李霞，来自湖南党史陈列馆。

黄春蕾：大家好，我叫黄春蕾，来自省妇联。

贺柳溪：大家好，我叫贺柳溪，来自省委机关图书馆。今天特别开心，在我的“地盘”和两位非常优秀的女性一起，为大家分享杨绛先生的这本《走到人生边上》。

李霞：我是一名讲解员。每个博物馆都是一本读不完的书，从大学毕业到今天，我在博物馆这本书中，已经学习了整整 9 年。

可能在很多人心中，讲解员大多数都是女性，并且面容姣好、年轻有朝气，大家有这样的看法，我觉得也很自然。但是，我们绝不仅仅有这些，我们有创造力，会开发大家喜闻乐见的社教活动；我们也有一颗恒心，精读书籍，熟练背诵 3 万字讲解词、熟悉每件文物的来历；我们还满怀热忱，认真对待每一次讲解，热情对待每一名观众。

我身边常有这样的身影，每天到办公室的第一件事就是收听《新闻联播》，搜寻是否有时政内容能与讲解相结合；站在展厅即使高跟鞋磨破了脚，却依旧忍着疼痛面带微笑服务观众；还会因为一个疑问，翻找各类书籍，直到找到答案为止。

我们从历史中汲取营养，让青春之花绽放在博物馆事业中，在历练中努力成为更好的自己。

黄春蕾：霞姐的工作服务她的听众，而我的工作则是服务妇女儿童，用心用情做好维权关爱服务，团结凝聚广大妇女群众，为国家建设、社会发展贡献“半边天”力量。我们妇联的工作顺利开展，离不开一群热心的基层妇联人。

古丈县红石林镇的全家翠大姐就是其中一位。2 岁多的心心，父母常年外出务工，奶奶身体不好，她就成了心心的“临时妈妈”，为她讲绘本故事、生活常识，玩益智玩具……现在孩子每天都会站在门口等着她的“全妈妈”。如今，全省有了妇联执委这支 51 万余人的队伍，像全妈妈一样，奔忙在服务妇女儿童的路上。

我们的工作琐碎又具体，正是在这样的磨炼中，我找到了自己想成为的人。

贺柳溪：我的工作是服务读者，2023 年 7 月省委机关图书馆开馆以来，馆内流动借阅书籍有 4323 本，已经开展阅读活动共 50 多场，每周一场的“蓉园讲坛”，成为机关干部交流学习的平台。

在这个小小的图书馆，有人看书看得入迷，甚至忘记吃饭，忘记回家；原本吵吵闹闹的孩子，只要手拿着书，就会安静下来，周末的绘本阅览室总是坐得满满当当。

记得 2023 年开馆第一天，来了一位满头银发、拄着拐杖的爷爷，他几乎每天都来，戴着老花镜，一看就是大半天，还不时写写画画。他常笑着说：“这儿真是个好地方！”有一天，爷爷看书起身时，不小心摔倒了，我们立刻帮忙处理，他笑着说：“我没事，你们去忙吧！”后来，我们才知道，爷爷 90 多岁了，平常已经很少出门。

因为这个小意外，爷爷特地和我们说：“给你们添麻烦了，以后不能来看书了。”我就说，“以后只要您想看书，就给您送家里去”。也是从那天起，我们增加了爱心送书这项服务。

其实，图书馆不仅是一个借阅书籍的地方，更是一座连接知识、传递温暖的桥梁。

这本《走到人生边上》是杨绛先生 96 岁的时候写下的，她的一生与书本为伴，始终用文字安顿自己的灵魂和内心，也将希望传递给了无数的读者。

李霞：人们怀念她，尊敬她，并不只是因为她是大师钱锺书的妻子，更因为她是杨绛，是独立的自己。

黄春蕾：未来无限可能，你也不止一种模样。愿每个人都能过上自己热爱的生活。

下面开启我们的领读时刻：

李霞：我站在人生边上，向后看，是要探索人生的价值。人活一辈子，锻炼了一辈子，总会有或多或少的成绩。能有成绩，就不是虚生此世了。

贺柳溪：这个世界好比一座大熔炉，烧炼出一批又一批品质不同而且和原先的品质也不相同的灵魂。一辈子锻炼灵魂的人，对自己的信念，必老而弥坚。

黄春蕾：天地生人，人为万物之灵。神明的大自然，着重的该是人，不是物；不是人类创造的文明，而是创造人类文明的人。只有人类能懂得修炼自己，要求自身完善。这也该是人生的目的吧！

领读者

张末末

领读作品

三体

大家好，我是来自省委宣传部文艺处的张未末，未是未来的未，末是末日的末，这是个串联着时间的起点与终点的名字，颇具科幻感。

今天我要向大家推荐的书也和科幻有关，那便是单枪匹马将中国科幻文学提升到世界级水平的《三体》系列。

如果说有些书能影响本人思想构成的话，《三体》必居其一。它引发了我对宇宙的无尽憧憬，每当我仰望星空，看繁星点点，就像看着我们人类本身一样。也许宇宙就是为了被理解，才创造出人的，而我们每个个体都是群星的投影，在亿万繁星和亿年光阴的轮回中解码宇宙。在生活中，读书和学习于我而言如呼吸一般不能停歇，同时我也不断保持着与科幻的紧密联系，闲暇时会撰写科研论文发表一下自己的观点，偶尔也会脑洞大开写写科幻小文聊以自慰。

回到工作上，一方面，都说世界上有两件事最难：一是把自己的思想装进别人的脑袋里；二是把别人的钱装进自己的口袋里。所以说我们宣传思想文化工作确实不容易。另一方面，时代催生思想，思想引领时代。宣传思想文化工作总是要有一点超前意识的。虽然我主要从事的是文艺工作，但无论艺术文学、技术科学，其本质都是人学，其目标都只有一个，那就是满足人民日益增长的美好生活需要。特别是当下文化已经成为全省经济社会发展的一张重要名片，成为湖南现代化建设的一支重要力量。让我更加坚定文化建设与科技创新要同频共振，把科技创新作为文化发展的重点，形成新质生产力。比如《三体》中一个大胆的想象就是利用太阳作为信号放大器，向全宇宙广播，这是否能成为未来广播电视发展的一个方向？

科幻作为未来的现实，为我打开了工作的思路，引用和新质生产力同样作为 2023 年“十大流行语”的提法，让我们质疑科幻，理解科幻，成为科幻。面对星辰大海的征途，奉上《三体》最具诗意的选段：

在这宇宙的最后审判日，地球和三体两个文明的两个人和一个机器人激动地拥抱在一起。他们知道，语言和文字的进化是很快的，如果两个文明存在了相当长的时间，甚至现在仍然存在，他们的文字肯定与现在显示的完全不同，但要让小宇宙中的人看懂，只能用古文字显示。与大宇宙中曾经生存过的文明总数相比，一百五十七万是个相当小的数字。在银河系猎户旋臂的漫漫长夜中，有两颗文明的流星划过，宇宙记住了它们的光芒。

嘉宾点评 《潇湘晨报》创始人、中南传媒股份公司首任董事长龚曙光：

科幻在文学创作中是一个很独特的领域，我用两个短语来形容，第一是极端的智慧，第二是极致的审美。它为我们提供了一个从未领略过的、无法感知的全新世界，对于我们来讲，这就是颠覆。

领读者

夏嫔嫔

肖登磊

领读作品

袁隆平的世界

夏嫔嫔：大家好，我是省纪委监委的夏嫔嫔。

肖登磊：大家好，我是省纪委监委的肖登磊。

夏嫔嫔：我的儿子特别崇拜袁隆平，所以我给孩子买了这本书，并且和他一起读完了。第一眼看到封面的时候，我读作“世界的袁隆平”，其实它的书名叫《袁隆平的世界》，我觉得书名正着读反着读都是对的。读作“袁隆平的世界”，是因为整本书都在讲述袁老的全世界，那就是水稻。读作“世界的袁隆平”，是因为袁老毕生都在努力用中国的杂交水稻技术养活全世界。接下来，我为大家分享其中的一段。

一粒种子的命运，又何尝不是一个人的命运？既是命运，在未被揭示之前，就含有某种神秘的、可知的或不可知的定数……一个一辈子与种子打交道的人，在揭开了一粒种子的秘密后，也对人与种子的命运有了深刻的洞察。

肖登磊：“我觉得，人就像一粒种子。要做一粒好的种子，身体、精神、情感都要健康。种子健康了，我们每个人的事业才能根深叶茂……”

读到这段话的时候，我不由得想起我的爷爷，他和袁老同岁，是一名抗美援朝老战士，曾经历过无数次的饥饿考验，因而对粮食有着一种无法言说的情感。

离开乡下老家十多年，爷爷带着我在田间地头劳作的场景依然历历在目，尤其是抢收抢种的“双抢”时节，头顶的烈日暴晒，田里的泥水滚烫，时不时还有蚂蟥、蚊虫叮咬，再苦再累再饿，我们都咬牙坚持，狠下劲来，打完稻子、插完秧，才带着一身酸痛肿胀回家……这一切田间劳作让我疲累至极，不过，当一碗洁白、香甜的米饭吃到嘴里，我感到无比欣慰和满足。

现在回想，当时的米饭不仅是果腹的物质食粮，还是营养丰富的精神食粮。爷爷带我一次次“与天斗、与地斗、与己斗”的刻骨体验，在我的幼小心田里播下了一粒粒“自强、自立、自律”的种子。

有了这一粒粒种子的滋养和激励，我成了家里第一个大学生、第一个公务员，也接过了爷爷的那一棒，成为一名战士、一名光荣的纪检监察战士！

时间过得很快，转眼间，我的爷爷离开我已近十年，袁老也已离开我们。再读这本书，我悟到了袁老的种子精神。

夏嫔嫔：袁老说，“人就像一粒种子，要做一粒好的种子”。这种子是具体的种子，更是顽强、创新、质朴、高洁的种子。

回看袁老这一辈子，在人间，他因为一粒稻种，热恋土地，温饱天下；在云端，他早已把自己化作一粒精神的种子，融入湖湘精神的沃土。

肖登磊：而我们，新时代纪检监察人，对袁老最好的纪念，就是传承他的种子精神，做一粒顽强、创新、质朴、高洁的种子，在正风肃纪反腐的责任田里茁壮成长，忠诚干净担当。也希望大家同心同向、携手奋进，在自己心中播下一粒粒清廉的种子，让三湘大地清风拂面，水碧天蓝。

嘉宾点评 《潇湘晨报》创始人、中南传媒股份公司首任董事长龚曙光：

种子精神里包含了袁老这样一种人生，把个人幸运变为人类幸运、把个人福祉变为人类福祉的伟大的牺牲精神和奉献精神。

领读者

肖 彬

领读作品

儿童能读懂的

『一带一路』

大家好，我叫肖彬，来自湖南省委组织部。今天我想跟大家分享的是我自己读书、陪孩子读书、为孩子写书的故事。

2020 年，我把《习近平谈治国理政》带回家阅读，和女儿一起朗读其中的一些段落时，她被其中涉及的古今故事和伟大人物吸引。我发现，“一带一路”是一个宝藏主题，很适合与孩子共同学习，于是我利用业余时间查阅资料，用孩子能理解的语言讲故事，最后出版了我手中的这本书——《儿童能读懂的“一带一路”》。我想让孩子们在这些有力量的故事中体会中华民族的独特智慧、伟大领袖的远大构想，以及人类世界的美好未来。非常荣幸，这本书被评为 2022 年湖南省优秀社科普及读物、2023 年湖湘优秀出版物。

也许有人会说，“一带一路”倡议非常宏观，孩子们太小，可能理解不了。其实不然，关键在于我们能否把国家大事与日常小事联结起来。这里我分享一个小故事。我女儿特别喜欢吃榴梿，所以我对榴梿的价格很敏感。2023 年 5 月，很多超市榴梿迎来了降价，每斤单价由原来的 40 多元降到了 20 多元。女儿问我，爸爸，榴梿怎么降价啦？我也纳闷，一查资料，原来，我们享受榴梿自由的背后正是中国到老挝（中老）铁路的助力。从 2023 年 4 月开始，包括泰国榴梿在内的东南亚热带水果搭乘中老铁路国际货运列车进入国内，以前泰国榴梿进入中国，海运需要 7 天、公路需要 5 天，而如今只需要 3 天，运输时间大为压缩、综合成本大为降低。这就是“一带一路”标志性工程给我们带来的实实在在的福利。当孩子们在家里吃着美味的榴梿，我想他们也要知道今天的幸福生活从哪里来，也要明白他们为什么要努力奋斗。

接下来，我分享一段书中的话：

我们每个人来到这个世界上，都是带着使命的。古丝绸之路和海上丝绸之路，就是由无数有梦想、有使命、有毅力的人通过自己的实干铺就而成的。像张骞、郑和一样的中国人以无比巨大的勇气和一往无前的毅力策马扬鞭、乘风破浪，开拓了中国人的视野、积蓄了中国人的精神。今天，“一带一路”建设的接力棒就将传到你们手中，你们的心中是不是有了要为这个宏伟事业做点什么的想法呢?

谢谢大家。

嘉宾点评　湖南省政府参事室特约研究员、省关工委副主任、太和智库高级研究员　张志初：

在工作之余能写出这么一本让自己的女儿和广大儿童喜欢的科普读物，把“一带一路”这么一个庄重的、浩瀚的、伟大的工程和构建人类命运共同体的外交命题用故事、用漫画呈现出来，确实是需要智慧、需要激情、需要爱心、需要童趣的。

领读者

范东华

领读作品

照亮我一路前行

大家好，我是领读者范东华，来自省委网信办。今天我分享的是《照亮我一路前行》，这本书讲述的是袁树雄与《早安隆回》的故事。

据不完全统计，《早安隆回》已经创下了1400多亿的播放量，也带火了“隆回”这座小县城。很多人不远千里，前来隆回打卡。我身上穿的，就是隆回花瑶的民族服饰。机会为什么会垂青袁树雄和隆回呢？我先和大家分享书中这一段。

下面开启我的领读时刻：

从天亮开始一直到下午彩排前，袁树雄的房间挤满了前来采访的各路记者。对他们提出的各种问题，袁树雄一一作答。

记者：请问空降湖南卫视跨年晚会，您是什么心情？

袁树雄：这是我的一个梦，是我一直以来在奋斗的一个梦。由于自己几十年的坚守，今天终于圆梦了。

记者：请问上这么大的一个舞台，您做好准备了吗？

袁树雄：我没有去做准备，因为我时刻准备着。

是的，时刻准备着！机会为什么会垂青袁树雄和隆回呢？在这本书里，我找到了三个关于“星星”的答案。

一是启明星。梦想的引领是启明星。很多人以为袁树雄运气好，是个暴发户，其实袁树雄已经五十多岁了，在成名之前，已经出过七本原创专辑。他不仅会唱歌，也会跳舞，还学过专业的作词、作曲，是一位难得的全能型人才。50年在音乐的道路上苦守寒窑，才让他有底气说：“我不用准备，我时刻准备着！”

二是定盘星。组织的关怀是定盘星。袁树雄广漂的时候，一度窘迫到一个月只有2000块钱的收入。2010年，隆回县以特殊人才引进的方式，把他安排在隆回县文化馆工作。从此，他成为一名有组织培养、有工会关怀的职工，解决了温饱问题，才得以安心创作。

三是满天星。传播正能量，收获满天星。袁树雄曾经是一名唱苦情歌曲的歌手，回到隆回后，他一改创作风格，用音乐记录时代的脉搏，创作了《老村长》《宝庆府》等一大批讲好身边故事的正能量歌曲。《早安隆回》是一首用来提振大家精气神的歌，在卡塔尔世界杯之前，光是在抖音上就有十亿的播放量。世界杯之后，更是成为东方神曲，唱进了湖南卫视，唱进了春晚，唱到了北京工人体育馆，面向梅西、阿根廷球队和现场七万名观众放声歌唱。

点点星火，汇聚成炬。借这个宝贵的机会，邀请屏幕前更多的小伙伴，加入我们的“三常六进”网络文明志愿服务活动中来。你是我生命中最美的相遇。早安隆回，早安中国！

嘉宾点评　《潇湘晨报》创始人、中南传媒股份公司首任董事长龚曙光：

袁树雄的成功就是“草根”的胜利，也是“草根时代”的一个标志，所以不要惧怕自己是“草根”，现在就是一个“草根”的时代。

领读者

戴瑶涵

孙文

肖冰钰

领读作品

毛泽东选集

孙文：大家好，我是来自湖南省档案馆的孙文。

肖冰钰：大家好，我是来自湖南省委编办的肖冰钰。

戴瑶涵：大家好，我是来自湖南省直机关工委的戴瑶涵。今天我们想分享的是《毛泽东选集》中《为人民服务》这篇文章。

孙文：今天我的分享要从我手上这张照片说起。

2015 年，一位衡阳的罗爹爹打电话给我们，说他的父亲叫罗芳荣，曾在黄埔军校学习，参加过衡阳保卫战，不知道馆里有没有关于父亲的资料。工作人员通过馆藏系统，还真找到了老人所说的罗芳荣。70 多岁的罗爹爹得知后，很是激动。他等不及我们给他邮寄照片，立即从衡阳动身赶来长沙。

第二天一早，罗爹爹就带着一大家子人来到了档案馆。当他看到父亲的照片时，忍不住地放声大哭了起来，说："爸爸，您在我梦里出现了千百次，每一次都是模糊的脸，今天我终于见到您了，我要带您回家。"

原来，罗爹爹是遗腹子，从未见过父亲的样子。他曾历经多年、辗转多地，寻找父亲留下的痕迹，但收获甚微。他是抱着最后一丝希望联系到省档案馆，没想到这次终于将他一辈子的心结都解开了。

我想，那一刻，对罗爹爹来说，是最大的幸福；对我们档案人，也是一份最大的幸福。一代又一代兰台人，就是这样，以甘坐冷板凳的匠心践行初心，以默默坚守的平凡铸就非凡。

肖冰钰：和孙文不一样，我们的窗口更多的是机构编制业务咨询和处理，作为一名新人，我也常常思考"为人民服务"，我能做什么？

2023 年初的一名服务对象给了我答案，他姓李，是一名从事二十多年矿产勘探工作的工人，也是一名退伍军人。刚进来时十分拘谨局促，为了让他放松，我倒了杯热水给他，并热情地招呼他坐下，询问他需要什么帮助。

原来，李师傅几年前从单位离职后，因为原单位已撤销，他的养老保险等问题一直得不到解决，多方询问，没有结果，最后来到了我们编办。了解李师傅的诉求后，我们马上查阅相关单位档案，联系其他部门询问办理养老保险的政策和需要的材料，在职能范围内给他提供了帮助。

李师傅很动容地说："本来是抱着试试看的心态来的，没想到你们这么热心，谢谢你们，我也没有什么能够报答的，给你们敬个礼吧！"

顿时，我心里涌起一阵暖流。那一刻，我忽然明白了党和人民的血肉联系，就体现在看起来有些烦琐的日常工作中，做好日常的每一项工作就是为人民服务。

戴瑶涵：今天，我也想说一个人。她是我们帮扶的一位困难职工——石大姐。石大姐从小因病成了聋哑人，好不容易组建家庭，又因故离异，只能一个人照顾年幼的孩子和年迈的父母。可她没有屈服于命运，努力找到了一份按摩、拔火罐的工作，第一次拿到用自己的双手创造的收入时，她的世界一下子就亮了。但命运仿佛和她作对一样，1998年3月，石大姐突然罹患乳腺癌，历经多年顽强斗争，她最终击败了病魔，可高额的医药费早已让家庭入不敷出，生活的重担压得人喘不过气。2017年10月，我们的省直单位困难职工帮扶中心将石大姐纳入深度困难类别，竭力寻找适合她的解困脱困办法，不仅通过政策为她解决了急需的生活救助金和孩子的助学金，更是抱着"授人以鱼，不如授人以渔"的想法，联系省残疾人劳动就业服务中心为她争取了职业技能培训机会，帮助她重新上岗就业，又一次点亮了她的世界！

我觉得，帮扶工作，就是要把"为人民服务"落到实处！

孙文：其实"全心全意为人民服务"，就是在一件件、一桩桩小事中干出来的，是在践行为人民服务宗旨实践中产生的。

肖冰钰：2023年是毛主席诞辰130周年，在这一重要时刻，我们大家一起重温《为人民服务》中的选段，与大家共勉。

戴瑶涵：下面开启我们的领读时刻：

戴瑶涵：人总是要死的，但死的意义有不同。中国古时候有个文学家叫作司马迁的说过：“人固有一死，或重于泰山，或轻于鸿毛。”

肖冰钰：为人民利益而死，就比泰山还重；替法西斯卖力，替剥削人民和压迫人民的人去死，就比鸿毛还轻。张思德同志是为人民利益而死的，他的死是比泰山还要重的。

孙文：因为我们是为人民服务的，所以，我们如果有缺点，就不怕别人批评指出。不管是什么人，谁向我们指出都行。只要你说得对，我们就改正。

肖冰钰：你说的办法对人民有好处，我们就照你的办。“精兵简政”这一条意见，就是党外人士李鼎铭先生提出来的；他提得好，对人民有好处，我们就采用了。

合：只要我们为人民的利益坚持好的，为人民的利益改正错的，我们这个队伍就一定会兴旺起来。

谢谢大家！

嘉宾点评　湖南省政府参事室特约研究员、省关工委副主任、太和智库高级研究员　张志初：

在“书香大院”里，这是真正的传诵经典，是真正的领略劳动之美、读出磅礴之力。

图书在版编目（CIP）数据

领读者 / 湖南省总工会编. -- 北京 : 中国工人出版社, 2025.2. -- ISBN 978-7-5008-8631-0

Ⅰ. G252.17

中国国家版本馆CIP数据核字第2024LD9718号

领读者

出 版 人	董　宽
责任编辑	李滢洁　周子欣
责任校对	张　彦
责任印制	栾征宇
出版发行	中国工人出版社
地　　址	北京市东城区鼓楼外大街45号　邮编：100120
网　　址	http://www.wp-china.com
电　　话	（010）62005043（总编室） （010）62005039（印制管理中心） （010）62382916（工会与劳动关系分社）
发行热线	（010）82029051　62383056
经　　销	各地书店
印　　刷	宝蕾元仁浩（天津）印刷有限公司
开　　本	710毫米×1000毫米　1/16
印　　张	19.5
字　　数	244千字
版　　次	2025年4月第1版　2025年4月第1次印刷
定　　价	68.00元